制野俊弘
Seino Toshihiro

子どもの言葉が教えてくれる

セーノ先生の学級ノート

新日本出版社

はじめに

「子どもの心が見えなくなった」「子育てに自信がもてない」「もう教師を辞めたい」——こういう親や教師の声が聞かれ始めてかなりの時間が過ぎました。スマホを片時も手放さない子どもたち。

ＳＮＳでの会話や動画の視聴時間が減る気配はありません。家族との会話や眼差《まなざ》しを交換する時間は大幅に減っています。現在、スマホ・タブレット・ゲーム機等でインターネットに接続している小中高生は九三パーセントに及んでいます（二〇二〇年内閣府調査より）。多くの大人たちが育った時代と子どもたちが育つ時代は、全く別次元なのです。ものの見方や考え方が違ってくるのは当然です。

ここで問題になるのは、大人と子どもたちの心のすれ違いです。親や教師にとって子どもとは何なのでしょうか。逆に、子どもにとって親や教師はどのように映っているのでしょうか。

教育評論家の故・三上満先生（通称「満《まん》さん」）は、「子どもは白黒まだら」ということを常々語っていました。見方を変えれば「落ち着きのない子どもは好奇心旺盛な子ども」「物静かな子どもはじっくりと物事を考える子ども」「おしゃべりな子どもは自己主張の強い子ども」ととらえることができるというのが、満さんの子どもの見方でした。

本当はどんな子どもも大切な「宝物」を持っているはずなのです。それを子ども自身に見つめさせ、子どもたちに気づかせるのが親や教師の役割ではないでしょうか。

しかし、実際は大人が設定した価値基準の中で、子どもたちは比較され、値踏みされ、序列化させられてきました。一人ひとりの中にある「宝物」を眠らされたまま、生きづらさを感じながら生きている子どもがたくさんいるのです。コロナ禍でたくさんの子どもたちが自分の存在価値を見つけられずに、自らいのちを断ちました。胸の底に大きな重しが沈められた気持ちです。子どもにとって日本という国は、決して「幸福の国」にはなっていないのです。

本書では、子どもたちを学級の「宝物」にしようと模索してきた実践、一人ひとりの「いのち」の輝きを引き出す教育の中で、子どもや親たちが紡ぎ出した「言葉」が私たちに教えてくれるものは何かについて問いたいと思いました。思春期の子どもたちの揺れ動く「言葉」、子育てに右往左往する親たちの切実な「言葉」、そしてそれを受け止め一つの「メロディ」を奏でようと試行錯誤する教師の「言葉」について考えます。

そして、子どもの「いのち」の輝きを阻む現在の日本の教育体制にささやかなカウンターを打ち込みたいと思います。そう、満さんが好きだった「愛のボディブロー」のように！

それではしばし子どもと親たちの生活に根ざした「言葉」の世界をじっくりと味わってみましょう。そして、自分の中に生まれる「新たな言葉」「豊かな言葉」の世界を楽しみに待ちましょう。

目次

イラスト　しろぺこり

（本書に登場する生徒の名は一部仮名にしてあります。また本文中、子どもが班日記に、親が子育てノートに記した言葉はアミ掛けにしてあります。また著者が学級通信に記した言葉の上には破線を引いています。）

※本書の内容は「しんぶん赤旗日曜版」二〇一六年四月三日号～二〇一八年三月二五日号に連載された「セーノ先生の応援歌」を土台にしています。

第1章　思春期の子どもの心に言葉の花束を

思春期の子どもたちにどんな言葉を届けるか——これは悩ましい問題です。思春期の子どもたちはことさら言葉に対して敏感です。ちょっとしたニュアンスの違いも敏感に嗅ぎ分けます。まずは子どもの言葉に耳を傾け、咀嚼《そしゃく》し、受け入れることが必要ですが、次は子どもの心に届く言葉をどうしたためるか悩むのです。どんな言葉であっても、いかに子どもと誠実に向き合い、いかに真摯《しんし》に言葉を選ぶかが問われます。

一人ひとりが違うということ

春になると、今年はどんな学級開きにしようかと悩みます。担任としての心地よい悩みです。今までの自分と違う自分を探す旅――その旅立ちの日に、子どもたちの心に「夢の種」を蒔《ま》きたい。ウグイスのさえずりが聞こえるようになると、そんな思いが私の頭の中を駆け巡ります。

ある年、私は「一人ひとりは違う」ということを考えるところから学級開きを始めました。手元にあった「がびょう」を全員に配り、そこから感じたこと、考えたことを詩にしてもらいました。

いやな音　　智子

黒板をつめでひっかくと
いやな音がする
がびょうでひっかいても
いやな音がする

智子は普段、おとなしく、自分から積極的に物事に関わろうとしませんが、「がびょう」を題材に発想豊かな詩を書いてきました。「キーッ」誰が聞いても嫌な音です。

がびょー　　俊介

がびょーの形はかさのようだ

俊介は、がびょうの形に着目しました。言われてみれば傘に見えなくもありません。他にも個性あふれる詩が綴《つづ》られてきました。同じ詩はありません。みんな違うのです。そして、みんな違うことが大切なのです。何人かの詩を学級通信「頓珍漢《とんちんかん》」で紹介しながら、私は次のように語りかけました。

　みんなそれぞれ違う。違って当たり前だ。そこから出発しよう。ここの所をしっかりと確認しよう。なぜなら学校は金太郎あめをつくる所ではないからだ。同じ価値観をもって、同じ顔をした人間をつくるのが学校の役割ではない。違うからこそ、何かを契機に結び合わなければいけない。異質な者同士が一つの場所に集まって、何かを契機に結び合う——それが「学校」なのだ。

人はみんな違うのです。何もかも違うのです。そして、違っていいのです。違うことは当たり前なのです。そして、それがいつか「自分」として根付いていくのです。

こんな当たり前のことが忘れ去られた時、世の中は何やらおかしな方向に動き出すのです。一人ひとりはみんな違う——これを確かめることが「夢の種蒔き」の第一歩となるのです。

子どもの心に届ける言葉

学級開きで「夢の種」を蒔《ま》いたら、早速十分な日光と水をやらなければなりません。子どもの日記を読みながら、「日光は足りているか?」「水はやりすぎていないか?」と加減をみながら、返信の赤ペンを入れていきます。担任としての心地よい時間です。

しかし、子どもの抜き差しならない現実の前に赤ペンが止まってしまうことがしばしばあります。

はっとした一日

私は数学が苦手です。今日塾に行って改めて気がつきました。はっきり言って塾での結果が悪かったから今悩んでいます。一瞬だけもうこんなこと嫌だって思ったけど、私は中学生だから勉強からは逃げられません。だから、完璧に分かるようにがんばろうと思います。分からない時ってものすごく悔しいから。私には努力が足りなかったかもしれない。やる気も。自分に厳しく、周りに頼り過ぎないようにしていきたいと思った。

この絵里子の日記にどう返事をしていいか、悩んでいることを率直に打ち明けます。

絵里子の日記は一年生の時からずっと見てきたけど、この日の日記はいつもの絵里子のトーンとはちょっと違っていた。先生は何度も読み返した。そしてますます悩んでしまった。辛《つら》そうな様子がよく伝わってきたし、なんて答えようかと悩んでしまった。
そして、私も中学時代は同じような悩みを抱えていたこと、本気で将来のことを考えたのは浪人時代だったことなどを話しながらこう励ましました。

　絵里子、焦ることはない。人と比べることもない。しっかりと足元を見つめてゆっくり進めばいい。人は自分のできる限りのことを精一杯やるしかないのだ。いくら背伸びをしたってそれ以上大きくも小さくも見えないんだよ。

絵里子の日記は同じような悩みを抱えた仲間たちに共感をもって受け入れられました。
同時に、私たちは子どもの心に届ける言葉を見つけなければなりません。明確な答えでなくてもいいのです。ホッとする言葉が届けられれば、子どもは背負った荷物を少しだけ下ろすことができるのです。

動物病院にて

一人ひとりが学級で確かに生活し、生きている証《あかし》として、自由に表現したことをありのままに受け入れてくれる――そんな学級はどんなふうにすればつくれるのでしょうか。

その第一歩は、まずその子どもの存在をしっかりと認めることです。では、それはどんな手立てで実現するのでしょうか。私は、まず、どんな小さなことでもいいから、その子どもの中の光るものを、事実の中から見つけてやることではないかと思います。その子どもの良さや素晴らしさを、事実を通して認めてあげるのです。教師はそれを見つける目と嗅覚を常に鍛える必要があるのです。

次の「手」という俊介の日記はその格好の材料です。

> 今日、家で飼っている犬を病院に連れて行った。そしたら病院の先生の手が傷だらけだった。その傷はたぶん犬かねこにかまれた傷だと思った。病院の先生は手をかまれても、その動物をたすけたいと思ってやっているんだと思った。

この短い文章には「俊介」という人間が表れています。普段はおとなしい俊介ですが、観察力、洞察力はこんなに豊かで、優しさがにじみ出ているのです。たった一〇〇文字あまりの文章の中に、飾り気のない俊介のありのままの姿が凝縮されているのです。

これを学級のみんなで確かめない手はありません。それだけでみんなの心が豊かになり、俊介に向ける眼差《まなざ》しが違ったものになるのです。これを学級通信「頓珍漢」で紹介しながら、コメントを付けます。

いい日記だ。先生の手を見つけた俊介の目、そこから考えたこと……俊介の優しさみたいなものが伝わってくる。手には人柄が表れるが、日記には人間そのものが表れる。いい日記だ。

自分の良さに気づかせるということほど、人に自信と誇りとエネルギーを与えるものはありません。俊介自身が俊介たる所以《ゆえん》を知ることは、俊介自身の自己承認＝自己肯定につながるのです。

君はそのままでいいんだよ――子どもの良さをみんなで認めることは、その子どもの学級での存在を無条件に認めることになるのです。この繰り返しの中で子どもは息を吹き返していきます。

区別されるのは嫌だ！

大事なものは子どもの中にある――教師が伝えたいと思う大切なものは、子どもの言葉の中にたくさん表れてきます。

バレー部の加奈は、レギュラーになれるかどうかの境目にいました。

私たちバレー部は二十六日に新人戦があります。バレー部は十六人で、四人マネージャーを入れると三人がユニフォームを着られません。私は（AとかBとか）分けられるのは嫌で、監督やキャプテンから「Aチームの人たちはコート入って」と言われると、（私たちは！）と言いたくなり、むつけてしまいます。みんなはどう思っているか知りませんが、私はそれでは技術面で差がついてしまうと思います。

「むつけてしまう」というのは宮城弁で「いじけてしまう」という意味です。中学生としての真っ当さが伝わってきます。確かにチームが「A」と「B」に分けられ、それが活動時間や練習場所の差になるのは考えものです。この加奈の真っ当さを子どもたちに伝え、加奈の意見の価値をみんなで確かめなければなりません。

中学生らしさ、加奈さんらしさがよく出ている日記だ。同じチームメイトでありながら「A」だの「B」だのと区別されるのは嫌だというのは、中学生として人間としてもっともな感覚だ。「下手な人」だって練習すれば上手くなるはず。人より時間がかかるかもしれないけど、いずれはうまくなるはずだ。だからそういう人にも時間と場所を与えて、みんなが上手くなるのがクラブだ。条件が制約されればそれだけチャンスは減る。上手い人と下手な人の差がますます大きくなる。そうならないように運営してほしいし、中学生なら十分考えられるはずだ。

本来教師が率先して教えなければならないことを、加奈は率直に語っています。私たちが伝えたいと思うことが、子どもから出てくるというのはよくあることです。子どもは社会を映す鏡であり、それに抗う言葉もまた真実を映し出します。この子どもの真っ当な意見に耳を傾けなければなりません。そして、加奈の真っ当な意見が通る学校にしなければいけません。

渋谷先生の残業

渋谷先生は、講師としてやってきた若い先生です。当初は仕事を覚えるのに精一杯でした。正人の日記には、そんな渋谷先生の授業の様子が綴《つづ》られています。

社会の時間、渋谷先生を見ていると笑ってしまう。最初は「今日は二八〇ページだな」といつも「だな」を最後につける。それにまゆ毛が動くし、チョークの粉をほろうのがすごく長いのだ。パン、パン、パン……いつ終わるのか。ついでにしゃべるのもとろい。黒板に書く漢字もいつも間違えて、「たまにこういうふうに小細工するから気をつけて」と言ってくる。教科書を読む時は自分で当てればいいのにくじびきで決める。社会の時間は結構楽しいです。

「ほろう」というのは「払う」という意味です。「事実をたどる」というのは「事実を見つめる」ということです。それは「見る」ではなく「観る」。目の前をただ光景が流れるだけでは「観る」とは言いません。多くの事実の中から、自分の頭と心を通して、書きたいこと、書かずにはいられないことを選び取るのです。

一方、教師は「この子はなぜこの題材を選んだのだろう?」というところに視点を当てなければなりません。その視点で次の和政の日記を読むとどうなるでしょうか。

今日は塾が終わって、八時頃にローソンの前の信号で渋谷先生が運転している車を見た。その時は赤の信号で、渋谷先生は一番前で止まっていた。あのまゆ毛は渋谷先生だとわかった。八時頃なので渋谷先生は残業かなと思いました。

和政は、一体なぜこの一瞬を日記に綴ろうと思ったのでしょうか？　それは和政の最後の言葉に象徴されています。夜遅く帰る先生のことを想像したのです。

教師は、この一瞬を切り取った「和政」という人間を深く理解しなければなりません。ここに全嗅覚を集中させなければなりません。それが「子どもを知る」ということなのです。

渋谷先生は遅くまで残って君たちのテストを作っていました。まだ慣れていないから大変なのだ。それにしても和政の目も頭もどんどん成長している。

不思議を学ぶ

ある日、咲が「不思議いっぱい」という題の日記を綴ってきました。

今日は、理科と数学がありました。理科では「消化」、数学では「式の値」をしました。数学は文字が二つ出てきて、代入して……。答えが違ってるんじゃない？　と思うくらい難しい式が簡単になってびっくりしました。方程式くらいから思っていたけど、これを考えた人はすごいと改めて思いました。

咲は学級の中でも成績が良かったのですが、人前に出ることはあまり好まず、力はあるのにいつも人の陰に隠れて物静かにしている子どもでした。「リーダーになってもおかしくないなあ」と思う子どもの筆頭でした。

そんな咲の日記には生き生きとした心の動きが綴られてきました。

理科でも胃液やだ液をやって、消化管の他にもいろいろなものが自分の体に入っていると知りました。人の体ってややこしいけど、すごいもので、本当不思議。

高校受験を念頭においた、そっけない授業――そう思われがちな中学校の授業。でもそんなことはありません。人間の体一つとっても不思議な謎がたくさんあり、それを一つ一つ学んでいきます。

何でも考えてみると不思議なことばかりだと思いました。何気なく学んでいるけど、それを考えついた人ってすごい努力をしたり、すごく大変だったのではないかと思いました。感謝、感謝。

学校の学びとはこうした先人たちの築き上げた遺産を継承するとともに、そこから新しいものを創り上げる営みです。咲のように心から感謝できるって本当に素敵なことなのです。

考えてみれば学校の勉強ってこんな不思議なことをたくさん勉強するってことなんだよ。世の中の不思議なこと、昔の人たちが頭を悩ませて、考えて、考えて、見つけ出した不思議をたくさん集めて学校で教えてるってことなんだ。人類の文化遺産をぐっーと凝縮して、コンパクトにそのエキスを教えているのが学校だと思うなあ。

人類が積み重ねてきた知の遺産のリレーランナー――そのバトンを子どもたちは引き継いでいるのです。そこに気づいた咲の感性もとても豊かです。

そんな咲は、今、小学校の教師をしています。次のリレーランナーを育てようとしています。

人生の達人

私の地元では、自分の所属する部活動以外に陸上競技や駅伝の大会に学校代表として参加する子どもが多く、特に夏休みは部活動と掛け持ちで参加する子どもたちがいます。そして、時に心が震えるドラマが生まれます。次の日記は恵美のものです。

今日は感動した一日だった。学級での「壮行式」がそうだった。康太君が〝大きく〟見えた。一生懸命に選手を励ましていた。もちろんゴンちゃんも。そして、歌も素敵だった。

この年は全国的に猛暑が続き、駅伝大会に参加する選手たちは毎日大変な思いをして練習に取り組みました。私たちも校庭に水を撒《ま》き、十分に水分を補給させましたが、それでも夏の日差しは容赦なく彼らを照りつけました。

そんな彼らを励まそうと考えた私は、学級での壮行式を提案しました。選手に選ばれなかった康太やゴンが声を張り上げて選手たちを激励しました。

『このクラスでよかった』……心からそう思った。学級の一人一人が応援してあげることはとてもいいことだ。私も毎日部活をしながら、駅伝メンバーが苦しい練習をこなしているのを見ていた。その苦しさをクラス全員が昨日の「学級壮行式」でわかったのではないだろうか。私は精一杯応援して、温かく見守ってやろうと思った。先生にも感謝したい。学級で壮行式をするのはとてもいいことだ。

恵美は練習の様子をよく観察していたのです。そして、大会が終わり、最後のミーティングの様子を祥子は日記にこう綴ってきました。

最後のミーティングで沢辺君の声がちょっとかすれていた。私は泣くまいと思っていたが、マキやミホコが声を出して泣いた。とってもいいひと夏を過ごせてよかったとつくづく思った。

結果は残念なものでしたが、私は彼らを心の底から誇りに思いました。

苦しみを楽しみに変えることのできる人は「人生の達人」です。駅伝に携わった人も、それをそばで応援した人も心の中に小さな火を灯しました。そんな時、心の奥底から涙があふれ出てくるのです。それが「感動」なのです。

ひと夏の経験で中学生はひと回りもふた回りも成長するものです。

第2章　本気の言葉を本気で受け止める

子どもの日記を読んでいるとしばしば「これは本気だな」という言葉にぶつかります。子どもは心から揺さぶられるような出来事に遭遇したり、自分や他者と真剣に向き合った時、ほとばしるような熱量のこもった言葉を発します。そんな時、私はその言葉を頭ではなく、全身で受け止めたいと思っています。この姿勢は学級全体に伝播《でんぱ》していきます。こうして「本気の言葉を本気で受け止める」思想とボディが出来上がっていくのです。

「あたまが悪い」

学校って本当は何をするところなの？——これは子どもが本気で抱く素朴な疑問です。しかし、それに対して私たちは何と答えたらいいのでしょうか。

この問いに果敢に挑んだ映画が山田洋次監督の「学校」です。登場人物は、朝鮮人のオモニや元不登校生、やんちゃな生徒、そして働きづめで学校へ通えなかった労働者（田中邦衛扮する「イノさん」）などです。「学校とは何か」、そして「教育とは何か」を私たちに深く問いかける不朽の名作です。

私は、この映画の中で語られるセリフを教材にしながら、子どもと一緒に冒頭の問いについて考えました。

> 今日、「学校」という映画を見ました。それを見ていて何回も出てきた言葉……「あたまが悪い」。なんで自分でそう思っているんだろう。なんで自分を責めているんだろう。そんな事を考えながら見ていました。

物静かで真面目な洋介。映画の中で語られる「あたまが悪い」という表現に引っかかったようです。文末には「こういう日記を書くのは初めてなのでうまくできているか心配で……」と付されています。それほど真剣に考えた問いなのでしょう。これは山田監督が今の社会に問う言葉でもあり、洋介もここに注目したのです。

考えてみると学校は何をする所か分からない。勉強する所なのか、遊ぶ所なのか。考え方は人それぞれだと思う。誰先生かは忘れたけど、こういうふうに言っている先生がいました。「最初から頭の良い人はいない。頭を良くするために学校にきているんだ」と。

そして、次の洋介の言葉が私を悩ませます。

映画でやっていた「幸福」と「学校」は同じだと思う。

二〇一九年度の小中高校の不登校生は二一万人を突破しました。今、学校は全ての子どもたちを「幸福」へ導くところになっているでしょうか。「社会への適応」という言葉を盾に、うまく適応できない者が排除される「早期選別機関」「早期希望摘み取り機械」になっていないでしょうか。学べば学ぶほど子どもの不幸を拡大していないでしょうか。

洋介の問いに私たちは本気で答えなければなりません。

卓の願い

卓は、その時じっと海を見ていました。言葉にできない焦燥感を抱えながら――。

卓は、学校を休みがちな生徒でした。なかなか布団から起きられず、朝早く家を出ていく母親も息子が時折学校を休んでいることに気づきませんでした。担任の電話には「大丈夫。明日は行きます……」と答えるのですが、どうしても休みがちになるのでした。

そんなある朝、私は担任に代わって卓の家を訪ねました。卓はおもむろに口を開きました。

「なんかやる気が出なくて……」

理由は何となくわかっていました。卓は勉強が苦手でした。問題が解けない時は、ずっと笑ってごまかしていました。そして、気づけば三年生の二学期を迎えていました。

「ちょっと散歩でもするか……」

特に、目的はありませんでした。ただあらゆる空気を換える場所を求めていたのは、私も卓も同じでした。

私は少し離れた海へ卓を連れて行きました。そこは切り立った断崖から太平洋を見渡せる場所でした。なぜかそこだけが亜熱帯の植生になっているという小島が遠くに見えていました。

途中で買ったジュースを飲みながら、卓は静かに口を開きました。

「俺、どうしたらいいかわかんないんすよね……」

「勉強のことか？」

「それもあるけど……」

そして、兄が不登校であること、その兄に代わって自分が母親を助けなければならないこと、なのに自分は何もできていないことなど、本心を打ち明けてくれました。父親代わりに育ててくれた母親への深い愛情が、逆に彼の心と体を固くしていました。こんな時も卓は軽く笑みを浮かべるのでした。定置網の丸い浮き樽《だる》が遠くに霞んでいました。

「卓はこんなに悩んでるのに……海は何も変わらないなあ……」

自分でも何を言いたいのかわかりませんでした。ただ大自然のおおらかな時の流れに比べて、自分たちの時間がせかせかしたものに感じられたのです。苦労して育ててくれた母親を幸せにしたい――この真っ当な願いを阻害するものは何なのでしょうか。

「卓は本当にいいやつだなあ……」

私の言葉に卓の目はほんの少しだけ力強くなっていました。

「波紋」を嫌う子どもたち

思春期の子どもたちはよく友だち関係で悩みます。特に、女子の悩みは深く、周囲に気を遣って生活するものです。

今日、部活で嫌なことがあった。最近、私はすごい気合いでがんばっている。なぜかというと上手になりたいから。目標は管内一のスーパーなクラリネットを吹ける人になること。だから前野ちゃんとテーマを決めた。【愛と情熱】である。どんな曲を吹く時でも感情を表現していこうと。前とは違って、自分としては超ホンキである。

内から湧き出る意欲が、千尋を変えつつありました。

けど最初に書いた通り嫌なことがある。それは……親友だったはずの人と仲が悪くなったこと。私としてはかなり限界だ。親友は部長になったとたんに、人格が変わった感じがする。あんまり怒ってばかりだと、一年生や二年生に信頼されなくなっちゃうんじゃないかなあと思う。自分たちが後輩の時、「嫌な先輩だなあ」と思ったことはみんなあると思う。もちろんあの人だってあったのだ。だからそういうことは繰り返してはいけないと思う。

部長という重圧が「あの人」を変えたのでしょうか。千尋は思い切って自分の意見をぶつけます。

県大会とかで金賞獲りたいし、いい演奏をするには、そういう問題も解決しなくてはいけないんじゃないかなあ。部長が前とは違ってピリ×2ばっかりしてるってことは私オンリーが思ってるんじゃない。だからやっぱり直すところは直してもらいたい。そうしないとやっぱりいい部活ができないと思う。

「波紋」を嫌う風潮の中で、あえて自分の思いを表現し、自分たちの生活を変えようと提案するのはとても勇気のいることです。自分の本気の思いを綴《つづ》れるというのはとても貴重なことです。トラブルや悩みを陰にこもらせず、しっかりと相手に伝えるというのは今の子どもが最も苦手とするところです。

これを打ち破るためには、千尋のような思いをしっかりと受け止める学級づくりが必要です。本気の言葉を本気で聞き、本気で受け止める学級づくりが必要なのです。

追いかけっこ

私の教師人生の中で、どうしようもなく高い壁の前で悶《もだ》え、苦しんだ子どもたちが何人かいます。

サッキはその最上位にランクされる子どもです。小学校に入るとすぐに両親が離婚。同時に両親とも家を出て行ってしまいます。「いつかお父が迎えに来る」と信じていたサツキは、裏切られ続けたあげく、電話口で父親にこう言うのでした。

「おめえ、それでも父親か！」

家には年老いた祖父母しかいません。彼女はそれに耐えられず何度も家出を繰り返しました。中学一年の時は祖父の車を盗んで家出をしました。

彼女がいなくなるたびに、私たちは何日も彼女を探し続けました。サツキは無賃乗車で電車を乗り継ぎ、宮城から東京まで父親を捜しに行ったこともありました。サツキの心の闇が明るく照らされることはありませんでした。孫の荒れる姿に、祖父母たちはほとほと疲れ切っていました。

そんなサツキも、日記の中ではふと普通の女子に戻ることがありました。次の日記は二年の始業式のものです。

今日からまた自分的には嫌な学校が……。朝にすんごい足が痛くなって、何かが起きる！って思ってきたらやっぱり……担任がセーノ先生だった。朝に足が痛くなった意味がわかった（笑）。でも一年間ヨロシクお願いします。

散々「追いかけっこ」をしてきた仲です。「うざい」「しつこい」と言われ続け、時には「うっせーの、くっせーの、ちいせーの！」などと罵《ののし》られ続けました。「うまいこと言うなあ」など感心する暇もなく、サツキはまたいなくなるのでした。

そんな生活がしばらく続いたあと、サツキは父親と一緒に生活することになりました。転校する前日、私に手紙をよこしました。そこにはサツキの本気の言葉が綴られていました。

私の心の闇は一生続きます。多分これからももがき続けるでしょう。でもいつか心の闇が晴れたら先生に会いに来ます。

今、どこで何をしているのかはわかりません。でももし今度会うことがあったら、あの「追いかけっこ」の感想を聞いてみようと思っています。

自分がにくらしい

うちの猫
うちには猫が三匹いる。前は五匹だったけど、一匹は外に出たまま帰ってこなくなり、もう一匹は事故で死んだ。ここで名前を紹介しよう。「陸」「山」「海」である。この三匹は捨て猫である。小さい頃は仲良く走り回っていたけど、今ではよくケンカをし、縄張りも作っている。遊ぶところも違っている。普通は庭や山の方で遊ぶが、この猫どもは屋根で遊ぶ。今度は外で遊んでほしい。

この日記を書いたのは正司。野球部の中心選手でしたが、本人も認めるように〃ここ一番に弱い男〃でした。市の駅伝大会ではせっかく選手に選ばれたものの、エース格の三年生が風邪で休んでしまったことに気落ちし、実力を発揮できずに終わりました。かなり気が小さいのです。

その正司がなぜか学級委員に選ばれました。本人もためらうことなく引き受けたので、〈やる気はあるんだなあ〉と感じていました。〃ここ一番に弱い男〃を自認する正司に学級をまとめることができるのだろうか？　プレッシャーのかかる場面で乗り切れるのか？　担任としては一抹の不安を抱えていました。

しかし、次の日記を読むと、子どもたちがなぜ正司を学級委員に選んだのかがわかるような気がしました。

「山」の入院

今、夜九時を過ぎたところである。それまで動物病院にいた。今日夕方五時半頃、新聞配達から帰ってきて、ご飯を食べようとしたら電話が鳴った。僕が出たら動物病院の先生で、病状が急に悪くなったのですぐに来てくださいと言われた。すぐに家の人に言って動物病院に行ったら、ほんの少ししか目があいてない「山」がいた。いつ死んでもおかしくないと先生に言われた。「まじかよ〜」と心の中でそう思った。（もっとやさしくしとけばよかった）と思い、自分がにくらしくなった。

「自分がにくらしくなった」――正司の本気の言葉が、また子どもたちを揺り動かしました。子どもたちはこんな正直で優しい正司が大好きだったのです。「正司を応援したい！」と思った子どもの方がずっと慧眼《けいがん》でした。

ずんこちゃんの交通事故

秀美は、女子バスケット部のエース。身長も高く根っから明るい性格です。そんな秀美がここ数日おとなしいのです。それもそのはず。実は、大好きなおじいさん（通称「ずんこちゃん」）が交通事故に遭い、入院してしまったのです。秀美は事故を知った時の驚きと不安を日記に綴ってきました。

みんなにつたえたいこと

知っている人が多いと思うが、このあいだ沢田の交通事故で、うちのずんこちゃんがケガをした。その日はちょうど、次の日が親子レクリエーションで、買い出しに行く準備をして、友だちからのTELをまっていた。その時、リリリリリン×2となった。私が「はい、もしもし」って出たら、いどご（いとこ）のおんちゃん、しげしげだった。そしたらしげしげに「ひでみちゃん、知らないの？」ってきかれ、「何が？」というと、「おじいさんがケガして、今日の夕方手術すんだって」って言われ、びっくりしました。

次の瞬間、秀美の中に猛烈な後悔が押し寄せてきます。

TELを切った後、私は心配な気持ちでいっぱいなみだが出た。おしゃか様に線香をあげておがみ、神様にもおがんだ。今までもっとやさしくしてやってればって後悔した。

幸いおじいさんは何とか一命を取り留めました。その上で、秀美はこれまでの生活を思い出しながら、本気の気持ちを綴ってきました。

　みんなにつたえたいことは、お年寄りを大切にしてほしいです。私は前までずんこちゃんに、「〇〇持ってきて」って言われても、「自分でもってこい」とか言っていました。でも今では「ずんこ、大丈夫が?」「ずんこ、がんばれ」と声をかけてあげています。年になるといつケガをするかわかりません。みなさんやさしくしてあげましょう。

教師が伝えたいと思うことは、子どもの中にちゃんとあるのです。しかもそれは本気の言葉で語られます。秀美の日記はそれを物語っています。

子どもが本気の言葉を他の子どもに投げかける——その時、受け止めた子どもたちの中に、何かが芽生えていきます。

自分のステージ

賢二は途切れ途切れにこう宣言しました。

「俺は……俺は……本当は……俳優になりたい……」

ある日、私は学級の子どもたちに自分の一番伝えたいことを発表させました。他の同級生たちが堂々と発表する中、賢二は何度もつっかえながら、本気の言葉でこう告白したのです。

しかし、工業高校を卒業した賢二の生活は大変なものでした。鉄工所に勤め始めた彼は、何か月も休みなしで働き続け、睡眠不足で倒れそうになったと言います。

「俺、熱い油かぶってヤバかったんすよ！」

二〇歳の時に催した同窓会で、賢二は自分の苦境を話してくれました。体の大きい彼を会社は重宝したのだと思いますが、最後の彼の言葉はそんな思いとは別のところにありました。

「俺、ほんとはやりたいことあるんすよね……」

「俳優か？」

「先生、よく覚えてますね！」

忘れるわけがありません。人前で自分の夢を真剣に語るというのは勇気のいることです。声の揺れも唇の震えも、私は忘れていませんでした。

それからしばらくして賢二から連絡が来ました。電話口で彼はぽつりとこう言いました。

「先生、俺、やっぱり自分の夢を目指します……」

賢二は、勤めていた会社を辞め、一人で東京に出ていきました。それは大きな大きな冒険でした。中学時代に抱いていた夢に彼は果敢に挑戦したのです。決して気の大きい方ではない彼にとって、それは人生の賭けでした。心の震えが、私の全身に伝わってきました。

「いつでも応援するよ」

切った電話はいつの間にか熱くなっていました。

ほどなく彼はある劇団に入りました。その後、音信は途絶えましたが、風の噂《うわさ》ではアルバイトをしながら役者を目指しているということでした。

私はそんな彼の生き方が大好きです。教師として無責任だと言われるかもしれませんが、誰にも左右されることなく、自分の生き方を決めた彼を私は尊敬します。「一度でも夢を追いかけた！」と本気で言える人生って素敵じゃないですか！　自分のステージを、自分で創るのが人生ですから。

第3章　「頓珍漢」を教室の宝に

学級には、いろいろな個性をもった子どもたちがいます。それぞれの個性が学級を彩り、形づくり、深みを醸《かも》し出します。しかし、時に社会の同調圧力が子どもの個性に蓋《ふた》をしようとし、没個性的な生活を余儀なくされるのです。だからこそ、その子どもの本当の個性を見極め、認め、励ます取り組みが必要です。「誰も切り捨てない教室」は、そんな地道な取り組みの中で実現されます。

あっけない誕生日

「あっけない誕生日」という題の日記があります。ちょっと悲しいのであまり表には出さないようにしていたのですが……。

今日は、おれの誕生日。何かもらえたり、買ってもらえるかと思っていたのに……。今のおれにとって誕生日なんて日常とかわらない。

洋の日記はいつもこんな感じで始まります。こういう悲痛な叫びで始まる日記には思わず引き込まれます。子どもながらの悲哀が伝わってくる日記です。

おばあさんに千円もらった。この調子でいけば、三千円は……と思ったのがバカでした。

〈あるある〉と思いながら、この後に起こる悲劇を楽しむというのは担任としていかがなものか……そう自覚しつつやっぱりにやけながらついつい最後まで読んでしまうのです。

おれ「今日誕生日だから何か買って！」
母「何言ってんの！」
なんで怒られるの？
おれ「んじゃ、ケーキは？」

母「ないよ！」

っておい！　この時、おれは思った。「今日はおれの誕生日じゃねぇーのか？」と。

お母さんとの掛け合いが実に面白い！　普段からこんな感じなのだろう。お母さんも忙しいのか、いつも何かせがむ息子に嫌気がさしているのか……決して愛情がないわけではありません。「もう中学生でしょ！」という息子への愛の突き放しなのだろう。そこに「救いの神」が現れます。

でも店に行って色々なものを食べた（兄のお金で）。家に帰るとケーキがあった（兄が買ってきてくれた）。

忙しいお母さんの代わりに、もう働いているお兄さんがちゃんと食事をご馳走し、その上ケーキまで用意してくれたのです。何と心優しいお兄さんなのでしょう。

これで終わったおれの誕生日。収入千円とケーキとごちそう。結局、親は何も買ってくれなかった。

期待した通りの収入（？）は得られませんでしたが、こんな優しいお兄さんが育つ家庭をつくったのもやはりお母さんたちなのですよ。だから泣くな、洋！　千円でもいいじゃないか。いつかわかるよ、親の気持ちが（笑）。

緘黙の涙

私は教室にいろいろなモノを置きました。旅先で買ってきた竹でできた知恵の輪。日本人の知恵が込められています。三段式の飛び出す独楽《こま》も子どもたちをあっと言わせました。マンガ本も根強い人気でした。ただし、「マンガ本」と言うと目くじらを立てる先生もいるので、私は「現代版大人向教養絵本」と呼ぶようにさせていました。

しかし、何と言っても遊びの王様はけん玉でした。授業終了と同時に、教室の前にある学級の棚に子どもたちが殺到します。中でも人気があるのは黒のけん玉。どうやらみんなの手にしっくりきていたようです。ベランダはけん玉組、教卓付近は知恵の輪と独楽組、窓際の明るい所は「現代版大人向教養絵本」組が陣取りました。それぞれが思い思いに楽しい時間を過ごしていました。

その中でたった一人、誰と話すこともなく、じっと椅子に座っている洋輔がいました。何をするわけでもなく、何か物思いにふけっていました。

「洋輔、けん玉でもやらないか?」「……」

「じゃあ、おもしろい本あるから読まない?」「……」

うんともすんとも返事がありません。大きな目をきょろきょろさせるだけです。実は、洋輔は緘黙《かんもく》の子どもだったのです。
事情をよく知らない教師が、あまりの反応のなさに叱責したことがあったそうです。その瞬間、洋輔は固まってしまい、「瞬《まばた》きもせずに大きな目から涙がポロリと落ちた」と、ある子どもが私に語ってくれました。
そんな洋輔ですが、次のような「味」のある日記を綴《つづ》ってきました。

単4
家に帰って僕はテレビを見ようとした。しかし、リモコンの電池が使えなくなっていた。そこでゲームボーイの使い古しの電池と換えてみた。するとなぜかテレビの電源がついた。使えないはずなのになぜか使える。そこでリモコンの電池でゲームをやったら、またなぜか電源がついた。いい電池だ。

私は、洋輔の日記を時々学級通信で取り上げました。語れなくても綴れるのです。言葉には出せませんが、大きな瞳で物事をきちんと見ていたのです。これが洋輔の持ち味なのです。

フー君の「みかぐら」

自閉症のフー君には、苦手な同級生のスーさんがいます。言葉で説明できない彼は、それを行動で示します。廊下でスーさんとすれ違いそうになると、職員室や校長室に飛び込んできて、一瞬身を隠すのです。通り過ぎるとまた廊下に出ていきます。過去によほど気に障《さわ》ることがあったのでしょう。

私はフー君にバスケットやバレー、マット運動……何でも教えました。そして、いつしか毎日ハイタッチを交わす〝親友〟になりました。はじめは言葉を発しなかった彼も、「○じかんめ……たいいくね！」と声をかけてくれるようになりました。

私は、そんなフー君に他の子どもたちと同じように「みかぐら」を教えました。岩手県の南部と宮城県の北部に伝わる農民たちの神楽《かぐら》です。鈴のついた錫杖《しやくじよう》と扇を使い、しっかりと足を踏み込んで踊ります。太鼓に合わせて踊るこの神楽を、フー君はすごく気に入りました。

しかし、その道のりは平坦ではありませんでした。まずは、「間」の取り方。うまく「間」の取れないフー君には、何より寄り添ってくれる友だちが必要でした。見よう見まねで始まり、やがて手をつないで一緒にリズムを刻みます。しっかりと地面をとらえ、踏み込み、そのエネルギーを舞いのエネルギーに転換していきます。

友だちとは相変わらず会話らしい会話はありません。でも、ちゃんとからだとからだで会話をしています。いつしか真っ先に稽古場に来るようになったフー君。廊下ですれ違うたびに、「きょう……みかぐらね！」と言うようになりました。

そして、ある時、私は決定的な瞬間を目撃しました。フー君が何とあの最も苦手なスーさんと一緒に踊っているではありませんか！　扇の回し方が気になったスーさんが近づき、その助言をフー君は受け入れたのです！　ほんの一瞬でしたが、フー君はスーさんと一緒に舞ったのです。

それでも卒業までフー君の「逃避」は続きました。しかし、ずっと閉じていた扉が、一瞬、ほんの数センチ開く場面に立ち会えたことに、私は人間と文化の可能性を感じたのでした。

いじめの根っこ

「苦しくて叫んでる声を、聞こうとしないのが、いじめなんだ」――これは重松清の「青い鳥」という小説の中で、吃音《きつおん》の激しい村内先生が発した言葉です。

私は、かつてミズキといういじめに遭ってきた女子を受け持ちました。私は彼女の受け持ちになることが決まった後、彼女へのこれまでの指導の履歴を調べました。そして、それまで担当した教師たちが口を揃えて、「コミュニケーション能力不足」「他人と話すことが苦手」と述べていることに疑問を持ちました。

彼女の持っている資質そのものを問題視し、他のことは不問にしているのではないか、いじめの原因を彼女の言動に求めすぎていないか、さらに教師自身が子どものありのままを受け入れてこなかったのではないかと疑問に思ったのです。

これは厄介な問題です。人は他者をありのまま受け入れることなどできるのでしょうか。かといって、個人の性格や言動の問題にウェイトを置いて根本的な解決はできるのでしょうか。

いじめ問題の解決の糸口は、この矛盾の根っこを解く過程に秘められています。つまり、他者をありのままに受け入れる前に、その他者が何者であるかをじっくりと見つめることが必要なのです。受け入れの是非を性急に求めても何も得られません。ありのままの姿をみんなで一心に見つめるのです。一にも二にもこの他者を見つめる過程が必要なのです。

先生から配られた学級通信の名前は「どんぐりと山猫」でした。宮澤賢治の本は何度か読んだことがあるので知っていました。銀河鉄道の夜、風の又三郎、よだかの星など……これからもこれらの話を聞きたいと思います。

賢治をこよなく愛するミズキ。「よだかの星」などはどんな気持ちで読んだのでしょうか。

しかし、この日記だけでも、ミズキの感性や心の豊かさが伝わります。

私は、ミズキの作文や日記を積極的に学級に紹介しました。排斥されがちな子どもの、普段は見えない姿、ものの見方、心の動きをみんなで見つめるだけで子どもたちの心は大きく変わるものです。子どもたちの中に眠る、人としての根源的な優しさに賭けるのです。特別の教科・道徳のように外からではなく、心の底に沈んでいるものを呼び覚ますのです。

ホントの章太郎

「あすなろ」「頓珍漢《とんちんかん》」「釈迦力《しゃかりき》」「どんぐりと山猫」……これは私の歴代の学級通信の名前です。いずれも学級の中で目立たない子ども、物静かな子ども、少し頓珍漢な子どもを何とか学級の主人公にしたいとの思いから名付けたものです。だらしない子ども、うまく話せない子ども、勉強の苦手な子ども……こういう子どもはどこの学級にもいます。そして、こういう子どもたちは時にバカにされたり、いじめられたりするのです。

特に、この日本では「他と違う＝みんなと同じではない」ことは社会的にも排斥される傾向があります。例えば、四月の街の光景。同じような黒のスーツに身を包んだ社会人・大学生で溢《あふ》れます。いつ頃からあの「黒ずくめ」の社会になったのでしょうか。何か得体の知れない世の中になりつつあることを感じます。

さて、本題。「まるでなってない」子どもの典型のような章太郎という子どもがいました。その章太郎が初めて書いたのが、次のような「三日連続」の日記でした。

4／17　初日。日記を忘れてしまった。明日もやらなければならない。

4／18　次の日。家に日記を忘れてきてしまった。また、明日もやらなければならない。

これだけで、章太郎という子どもがどんな子どもか、大体わかると思います。提出物などはこちらから声をかけなければ、永遠に出てこないような子どもです。服装もだらだらでした。でも、そんな章太郎の三日目の日記を読むと、何となく彼の中にある「ホントの章太郎」が見えてきます。

4／19　今日は、家についてすぐに日記をかいてかばんにいれた。ほっとした。

順番に班の仲間に回っていく日記を、三日間も忘れたという罪悪感があったのでしょう。日記の中身はさしたるものではありませんが、でも全てを通して読むと「ホントの章太郎」が見えてきます。ホントは自分のことを何とかしたいと思っているのです。こっちの方が「ホントの章太郎」なのです。本気で自分を変えたいと思っているとしたら、それは既に成長を始めている証《あかし》なのです。

遅咲きの花

先日、大阪のある先生から次のような相談を受けました。

「うちの学級の子どもたちが言うことを聞いてくれないんです。隣のきちんとした学級と比べると落ち込んでしまう……もう先生を辞めたい……」

実は、私にもそんな時期がありました。校長に頼まれて勢いよく飛び込んだ民雄のいる学級がそうでした。

「全国一荒れている中二生」と自称していた民雄。教室で煙草を吸っているのが見つかると、その煙草を壁にこすり付けて、私にこう言いました。

「なんか用ですか?」

そんな民雄に私はある時、一つの用事を頼みました。それは学級通信の「配達係」です。しかも職員室内の。私が作った学級通信を職員室の先生方に一枚一枚届ける仕事です。はじめは訝《いぶか》っていましたが、何日か続けていると嫌な顔をしなくなりました。

それは職員室で学級通信を配ると、先生方が必ず声をかけてくれたからです。「おっ、お疲れさん!」に始まり、「今日も髪型決めてんなあ」「このボンタン誰からもらった?」「もう少しズボンを上げたら?」、そして極めつけは「たばこで学校燃やすなよ!」

それでも民雄は嬉しそうです。幼い頃から注意ばかり受け、周囲の信頼もなく、家族の愛に飢えたまま過ごしてきた民雄に訪れるほんの一瞬の〈幸せ〉。彼の言動を理解するのは難しいけれど、理解しようと試みることは誰にでもできます。先生方の声はそんな声でした。

そして、ある時、別の生徒が通信を配ろうとすると、民雄の方から私にこう言ってきました。

「こいづは俺がわだす」（これは俺が渡す）

通信を配ってひとしきり先生方と話をしてから、彼は悠々と家路につくのでした。もちろんその指の間には満足の一服がはさんでありましたが……。

そんな民雄が、最近、別の教え子を通じて、「その節はお世話になりました」とメッセージを送ってきました。二〇年前に蒔《ま》いた種は、幾多の風雨に耐え、しっかりと芽を出していたのです。

悩める先生方、そしてお父さん、お母さん、元気出そうよ！　まだまだ子どもも教育も捨てたもんじゃない！

ひびけこいのうた

菜穂、元気ですか？　ぼくのことおぼえてますか？　菜穂が学校にいるときは、菜穂にすっかけていました……

洋介がある日、綴《つづ》ってきた「菜穂」という題の日記です。「すっかける」というのは宮城弁で「ちょっかいを出す」という意味です。

実は、この時、菜穂は「再生不良性貧血」という難病で入院していました。完治には骨髄移植しかありませんでした。そのことを知らずに、「すっかけた」ことを洋介は後悔します。

菜穂が入院したのは、ぼくのせいじゃないかとみんなに言われました。ぼくもそう思いました。菜穂、本当にゴメン。ゆるしてください。早くなおして学校に来てください。

もちろん洋介が「すっかけた」ことと病気は何の関係もありません。でも周りからは、理不尽な「洋介責任論」が出ていたのです。

菜穂のよいところは、まえむきなところだよ。そこで一句。〝つらいとき　菜穂はいつも　まえむきに〟あと半年はみんなと会えないけど、みんなのことはわすれないでください。とくに、ぼくのことはわすれずに。

この日記にいち早く反応したのは同じ班の亜由美でした。

洋介くん、ごめん。じっくり読んだ。でもなんかこういうのはいいと思う。菜穂のことはみんな心配しているけど、日記に長々と書くほど心配してくれる人がいていいと思う。そして、少し感動した。菜穂はまだ入院しているけど、なんか……幸せ者だな～って思った。最後の〝ひびけこいのうた〟は笑った（笑）。

洋介は、日記の末尾に「ぼくの一番大大大好きな菜穂へ　ひびけこいのうた」と綴っていたのです！　長年の日記指導の中で、堂々と恋心を綴ったのはこれが最初で最後です！　なお、洋介が書いた「ひびけこいのうた」という言葉は、ロックバンドMONGOL800による「小さな恋のうた」（上江洌清作　作詞）の歌詞の一部「響け恋の歌」を引いたものです。

同じ班の優美も感動し、こう綴ってきました。

こんなにピュアで堂々としている恋は多分初めて見ました……感動しました。でも最後の〝dy洋介〟は〝by洋介〟ではないのですか？

子どもの本気の言葉は、人を動かすエネルギーに満ち溢れています。だから感動するのです。洋介の言葉は私が菜穂に届けました。

その後、菜穂は、お姉さんの骨髄を移植し、無事完治して学校に戻ってきました。今は立派なお母さんになっています。

第4章　子どもは「いま・ここ」が大事

教師は常に子どもの「現在地」にアンテナを張らなければなりません。子どもは「いま・ここ」に生きるかけがえのない存在だからです。しかも中学生たちが感じる時間と空間は、私たち大人が感じる以上に濃密で多様です。今日はどんな心持ちで学校に来ているのか、今どんな心模様の中を生きているのか、教師のセンサーはここに敏感でなければなりません。そんな子どもの「現在地」を知ることの意味について考えます。

お母さんとの対決

広のお母さんは、若くして広を産みました。息子が中学生になった当時もとても若々しかったのですが、子育てに対する姿勢には凛としたものが感じられました。

ある日、広が「お母さんとの対決」というただならぬ題の日記を綴《つづ》ってきました。


班日記をお母さんに読まれた。「火曜日の一時間目の体育がつらいのは月曜の夜のスマスマを見るから。おまけに食欲もない。だから月曜は九時に寝ること、火曜の朝はヨーグルトだけからご飯にする」と今日言われた。

でもお母さんの方が早く寝るので、スマスマは見られる。この対決は僕の勝ちだ。


当時の広は、月曜の夜に「スマスマ」を見るため、どうしても夜更《よふ》かしになっていました。

それを見かねたお母さんが意を決して立ち上がったのです。

しかし、広はアメーバのようにお母さんの「攻撃」をかいくぐります。

お母さんとの対決2
今日は月曜。スマスマの日。今は午後九時三十分です。「早く寝なさいよ！」とお母さんは言いながらやっと先に寝た。（これでスマスマが見れる！）とホッとした。
でも、いくら探してもリモコンがない。（もしかして……）と思いお母さんの寝ている部屋をのぞいてみたら、僕のリモコンがお母さんの枕元にしっかりと置いてあった。
テレビの本体で調整できるのをしらないで寝ているお母さんを見て、（今日の対決も僕の勝ち！）。僕はうれしくなった。

安心して床についたお母さんにとって、これはまさしく「悪夢」だったに違いありません。それにしても、お母さんの子育てに対する姿勢はたいしたものです。何とか子どもの生活リズムを取り戻そうとする姿勢には脱帽です。この広の勝ち誇ったような日記の中にも、親の子どもへのまなざしが感じられるのです。

子どもは自分の言葉で「いま」を綴ってきます。そこには子どもを取り巻く生活が立ち現れます。子どもがどんな「空気」を吸って生きてきたのかがわかるのです。子どもの生活を読み取ることは容易なことではありませんが、こんな短い日記の中にも生活は現れるものです。それを読み取るのが「子ども理解」の第一歩です。

ブルーな一日

私の学級通信のネタ＝取材源の多くは、子どもたちの日記です。日記には、子どもたちの日々の生活やその時々の心の動き＝「いま」が綴られてきます。そして、毎日綴られてくる日記の中から、内容をしぼり込み、記事として学級に投げかけることにしています。

ブルーな一日
今日は髪の毛をバッサリ切って学校に行きました。三時間目の体育の時間、髪型がきっかけで二つのあだ名がついた。一つは「マルコメみそ」。もう一つは「モンチッチ」。ちょっとショックだった。体育が終わり階段を上がりながら、「今日はブルーな一日だなあ」と思いました。

大人であればさして気にしないものでも、思春期の子どもたちには気になることがたくさんあります。自分がどう見られるかは、「死活問題」だからです。特に、異性の目は本当に気になるものです。

浩紀はそんな思春期の心の機微を正直に綴ってきました。一日一日がただ目の前を流れていくだけの生活ではこういう日記は書けないし、恥ずかしかった自分を受け入れてくれる雰囲気のない学級ではこういう日記は出てきません。一人ひとりが学級で確かに生活し、生きている証《あかし》として自由に表現したことをありのまま受け入れてくれる――そんな学級にするためにはどんな些細《ささい》なことでもいいから、教師が率先して子どもの声に耳を傾けてやることが大切なのです。

日記は私が子どもの声を聴く一つの「水路」です。子どもの発した言葉はもちろん、綴られてきた日記にきちんと耳を傾け、心を注いでやること。これが私なりの子どもへの「迫り方」なのです。

「子どもの心が見えなくなった」と言われて久しくなりましたが、これは私たち大人からすれば「子どもに迫る方法がわからなくなった」ということなのではないでしょうか。私たち大人の側にもっと研究の余地があるのです。

個人的には今の髪型の方がいいなあ。ま、それだけみんなに注目されているということ。ブルーな日もあれば、ピンクの日もある。くじけるな、浩紀！

個性全開

子どもの個性は将来どんなふうに開花するのだろう——そんな疑問に一つの答えを出した教え子がいます。地元・宮城でラジオのパーソナリティをしていた真知子は、私が三年間部活で面倒を見た子どもです。二年生の時は担任もしました。震災後、地元のラジオ局で被災者を励ます放送を始めました。

そんな彼女の日記は今見ても超個性的です。

食欲の秋。その通り。この頃の夕食の食べ物あらそいはすごい。特に姉二人が……。今日のおかずはエビとイカのフライにシャケ、そしてキュウリの漬物。私はシャケで、無言でモクモクとご飯を食べている前で、姉二人がフライの取り合いをしている。なんて情けない話だ。二番目の姉が特にいじらしい。こないだ（この間）なんか、夜、寝言で「あぁ、あと三秒でコロッケがなくなる～！」なんて騒いでいました。その次の日、コロッケが出たのでからかったら、笑ってごまかしていました。

思わず吹き出してしまいます。個性全開の日記はさらに加速します。

最近、米がなくなるのが早い。と思っていたら犯人は私でした。考えてみれば、夕食の時、母がやっと一膳食べ終わったと思えば、私は二杯目を食べ終わっているのです。今日なんか、炊いたご飯が足らなくて、二杯で終わってしまいました。私の夕食のご飯は二杯が普通で、すじこやたらこ、塩辛だったら三杯は当たり前です。前より食べる量が多くて、困っています。

もうこれは尋常ではありません。このぶっ飛んだ個性が、後に、東日本大震災で悲しみのどん底にいる被災者たちを励ますことになるとは、さすがの私も見通せませんでした。

しかし、考えてみれば彼女は中学校の時から周囲を笑わせ、和ませ、それが不思議と安心感を与えていたのです。「いま」を切り取る視点の面白さはピカイチでした。

「素の自分を出し切ってなんぼ！」

そう言っているようで本当に頼もしく思えます。この日記の最後もこう締めくくられていました。

ご飯はいっぱい食おう！　コロッケは三秒でなくなんないぞ！

まさに個性全開！　やっぱり個性は大事！

五度目の正直

放課後の校庭はいつも賑《にぎ》やかです。子どもたちが生き生きと部活に取り組んでいるのを見ると、胸がワクワクします。授業中は「瀕死状態」の子どもたちもこの時ばかりは復活します。野球部の顧問だった私は、キャッチボールの「バシッ」という音や、バッティング練習の金属音を聞くとなぜか胸が高鳴ります。そして、生徒たちの元気のいい声を聴くと、「よし、一丁やるか」と気合が入るのです。

それに比べてちょっとだけ地味なのが陸上部。もくもくと走る姿がどことなく修行僧に似て、ストイックなのです。野球のような華やかさはありません。

ミニハードル

今日、部活で痛いというか、恥ずかしい思いをした。ミニハードルをやっていて、ハードル間が1mくらいだった。

県内でもトップクラスの実力をもつ芹那。毎日コツコツと練習を続けていました。でもこの日は調子が悪かったのか、いつものような軽快な練習ができなかったようです。

みんな普通に走っていて、自分もいつもだったら楽々できたはずなのに、今日は一番最後のハードルに足が引っかかり転びそうになった。横でそれを見ていた野球部が笑った。

ちょっと頭にきた。足も痛かった。二回目も最後でつっかかった。また笑われた。「つっかかる」というのは「引っ掛ける」という意味。誰が笑ったのかもだいたい想像できます。

三回目も最後でつっかかった。でも今度は、野球部はあんまり笑わなかった。むしろ「あ～あ」と言っていた。四回目もつっかかった。また「あ～あ」と言われた。野球部も顧問に似て集中力がないのか、隣でハードルに引っ掛かる同級生に意識が向いているのがわかります。そして、迎えた最後のチャレンジ。

五回目。何とか成功したら、「お～お」と言われた。何度も足にあたり痛かったし、恥ずかしかった。

私はこんな掛け合いの綴られた日記が大好きです。本来なら笑った子どもを呼んで注意しそうなところですが、最後の「お～お」に救われます。なんだかんだ言って内心はみんな応援していたのですね。何気ない光景の中に、「いま」の子どものいきいきとした生活が立ち現れます。

魔法のボール

中学生の観察眼＝「いま」を切り取る眼というのは侮《あなど》れません。先生や仲間を観る眼が実に鋭いのです。次は、「ジャンケン」という題の日記です。

給食の時間にあらためて感じたことは、私たちの班は会話が続いていないということだ。例えば、「今日、わかめご飯だね」「うん」という会話があり、次に別の人が、「おいしいね」と言えば、「うん」で終わってしまう。唯一長い会話といえば、牛乳パック当番を決めるジャンケンである。「ジャンケンポン！」「あいこでしょ！」「あいこでしょ！」「イェーイ！」か、「うわぁー！　クッソー！」である。実に淋しい班であり、むなしい班である。

里美は学級随一の観察眼の持ち主。〈なるほど、こんなことを観察しているのか〉と感心しながら、私はこの里美の心の奥底にある願いを読み取ります。「友達とつながりたい」という願いです。この日記を〈冷めたやつだな〉と読んではいけないのです。

そして、こういう子どもの心の奥底にある願いを何とか叶《かな》えようと苦心するのが、教師の仕事の醍醐味《だいごみ》なのです。その結果、次のような日記が出てくるのです。題は「魔法のボール」。

今日、私は見た。教室では見ることのできない二班の人たちの意外な面を。校長室を掃除していると、浩二君が嬉しそうにニコニコしながら入ってきた。そして、「ほらっ」と言ってみんなに見せたのは先生からもらったというただのテニスボールだった。しかし、よく見ると人の顔が書かれていた。そして、そのボールを浩二君がにぎりつぶすと、その絵が何倍にも広がった。ただそれだけの事なのに私の周りの人たちにはなぜか妙にうけて、教室では「うん」としか言わない大場君が「貸して」と言って遊びはじめ「面白い」と言った。

ボールを中心に輪ができている情景が目に浮かびます。

よく見るとみんな笑っている。こういう場合、あのテニスボールを「魔法のボール」とでも言うのだろうか。

子どもに限らず、私たち大人も人とつながることを求めています。みんなきっかけを求めているのです。里美のこの「いま」を切り取る眼によって、班は徐々に打ち解けていくのでした。

人工呼吸

子どもの疑問に答えるというのは、私たちの仕事の基本です。大半は自信をもって答えられるのですが、しかし、年に何回かは冷や汗をかくような質問が出てきます。

ある時、夏江は日記に「いま」抱いている疑問について、こんな日記を綴ってきました。


私は不思議に思うことがある。人工呼吸の空気には二酸化炭素が入っているのではないでしょうか。昭雄先生に質問したら、「二酸化炭素が肺に入って膨らんで……」と言ったあげく、結局、「先生もよくわかんない」と言った。どういう仕組みなんですか？　教えてください。鼻水は、南先生に教えてもらった。鼻の汁に菌が入ってドロドロになるって言ってた。その他にもいろいろと謎が多い。


人工呼吸は酸素を送り込むもの。しかし、人工呼吸の呼気には二酸化炭素が多いはず。助けようと思ってしている行為が、実は助けにならないのではないか、逆に苦しくなるのではないか。夏江はそう考えたのです。昭雄先生のたじたじぶりが目に浮かんできて、思わずニンマリします。

私はその日記をもって昭雄先生のところに行きました。

「先生、夏江がこんなこと書いてきたよ」

「そうなんですよ。困っちゃいました……」
私も早速細かいデータを調べ始めます。子どもの質問が私たちの好奇心を刺激した好例です。そして、次の日、早速、学級通信に私の「見解」を載せます。

これはすごくいい質問だ。答えは「大丈夫」です。いったん吸って吐いた空気（呼気）にも酸素は16％含まれています。二酸化炭素は４％。ちなみに吸う時の空気（吸気）には酸素が20・９％、二酸化炭素が０・03〜０・04％含まれています。大体、４％が酸素から二酸化炭素に変化（交換）されるのです。だから多少二酸化炭素は多いけど、酸素も十分に供給されるのです。

子どもの素朴な疑問は面白いものです。今ならさしずめ「チコちゃん」といったところでしょうか。大人と子どもでは見ている世界が違うのです。こんな子どもの豊かな感性に導かれて教師も成長します。

そして、どんな疑問にも真摯《しんし》に答える教師でありたいものです。

新しい友人

昔の日記をめくっていると、その当時の子どもたちがいろいろな本と出会っていたことがわかります。

この前、「〈It〉（それ）と呼ばれた子」という本を買った。中身は小さい頃、親から虐待を受けた著者が自らつらかった虐待の日々を記録したもので、虐待の内容はとてもひどく、本当にあったのかと信じられないくらい。本の帯には「カリフォルニア州史上最悪」とあった。珍しく私はその本にハマりました。今年の夏休みの読書感想文はこれ書きます。本当に。かなり前に発行されたようですが、先生は読んだことがありますか？

これは亜由美の日記です。まだスマホがなかった頃、子どもたちはよく本屋に足を運んでいました。何気なく立ち寄っては、帯に惹かれて本を手にする――そんな光景が普通にありました。私も早速、本屋に出かけて同じ本を買ったものです。

これに触発されて同じような日記が続きます。咲もタイトルに惹かれて手にしたのです。

今日、本を整理していたら夏休みに読んだ本を見つけた。女の子の虐待の話で、前に亜由美ちゃんがハマったのと同じような本だ。「ローラ、叫んでごらん～フライパンで焼かれた少女の物語～」というタイトルだけど、本屋で見つけた時は「えっ⁉ フライパンで⁉」と驚いて買った。

きっかけはどうであれ、活字に触れ、それに触発されて読書の世界にハマっていく――これは「新しい友人」を作るのと同じです。それが驚きや感動を伴うほど、その作者や作中の人物との不思議なつながりが芽生えるものです。

読み始めると、ローラという女の子は一歳の時に生きたままフライパンで焼かれてしまったと、はじめから驚くことばかりだった。そのあと助かって、施設にあずけられてからが書かれていて、「It……」の本と同じくらいひどい。期末テストが終わったら、もう一度読んでみようかな……。

「新しい友人」との出会いは、何度でも楽しいものです。そして、こんな本を選ぶ子どもたちが「いま、何に関心を抱いているのか」がわかるのです。スマホ世代には、こんな出会いはあるのでしょうか。聞いてみたいものです。

第5章　時代を映す子どもの言葉

言い古された表現に「子どもは社会の鏡」という言葉があります。善くも悪くも子どもは時代の「空気」を吸い、時代の「色」に染められます。しかし、時にその「空気」や「色」が子どもの思いを圧迫し、子どもの本当の願いと齟齬《そご》をきたすことがあります。子どもの言葉に「いま」という時代が象徴的に映し出されるのです。私たち大人は子どもの背後にある時代の「空気」や「色」と対峙《たいじ》することになります。

子どもに時間をください

かつて福島県・会津の斎藤民部先生は『子どもたちに時間をください』（草土文化、一九八七年）という本を出しました。習い事や塾で時間に追われ、子どもの時間がどんどんなくなっていくのを嘆きました。

それから三〇年以上が経ちましたが、子どもたちの時間のない生活は変わりないようです。千鶴の日記には「いま」の生活の凄《すさ》まじさが綴《つづ》られてきました。「いま」を映す子どもの言葉が並びます。

今日はせっかくの休みなのに、なんと十二時から塾だった。普段は火・木なのだが、「定期テスト対策講座」というものだったのだ。私の通っている〇〇塾ではいろいろと講座がある。そして、結構厳しい。でも、それがいいところかもしれない。なぜかというと、そのおかげで最近成績が伸びてきたような気がする。お友達も、いろんな学校の人がいて、情報交換や写真の見せ合いなど、とても楽しいこともある。

試験前はどこの塾もこんな感じなのでしょうか。勉強の合間の束《つか》の間の交流が唯一の楽しみなのでしょう。

けど一つ問題がある。それは部活だ。五時四十分の電車でないと間に合わないのだ。学校から家まで十五分。着替えたりして五分。ご飯を食べて十分。皿を洗って三分。洗濯物を畳んで七分。テレビを消して、こたつを消して、鍵を閉めると三分。家から駅まで歩いて二十分。大体一時間くらいだ。

これは本当に「分刻み」だ。自分のことだけではなく、ちゃんと洗濯物を取り込んだり、畳んだりしているのです。食べ終わった食器もきちんと片づけるところがまたえらい。それにしてもすごいスケジュールです。

どうにか短時間にしようとすると、「ご飯たべない」「家の手伝いしない」となってしまう。それはちょっとまずい。だから部活を、四時四十五分に早退しなくてはいけないのだ。それが一つ悩みである。

子どもが子どもらしく生きられない生活——これは現在も進行中です。もうこの日本に本当の子どもを取り戻すのは無理なのでしょうか。

「子どものうちに子どもの時期を熟させるがいい」

ルソーの言葉が脳裏をかすめます。これを死語にしない教育が求められているのではないでしょうか。

数学嫌い

テスト
今日は、数学の時間にテストをしました。一・二時間目が家庭科で、思ったよりも時間がかかってしまい、数学の時間に入ってしまいました。数学を始めたのが十一時五分頃で、みんなは「今日は絶対にない」などと言っていたので、数学担当の望が先生に聞きに行ったら「ある」と言われ、みんな「え～」と言っていました。

数学の苦手な絵里の日記です。このような子どもはたくさんいます。「数学なんて将来必要ない」とは言いつつも、「割合」の意味などが不明だと実際は不便なものです。消費税が五パーセントから八パーセント、そして一〇パーセントへ。何となく納めているという感覚は大問題です。数学の苦手な子どもは多いのです。

これに対して、「算数・数学でのつまずきは子どもから大人まで一六のパターンに集約できる」という論文を発表したのが、芳沢光雄先生（当時東京理科大学教授。現桜美林大学教授）でした。

例えば、「0と1に関する特殊な扱い」という項目では、小学校の算数の学習で赤玉と白玉を複数個用意し、全体に占める割合を考える場面で「全体を1とする」という表現が出てきます。しかし、「子どもにとって『全体』と『1』は大きく違う」と芳沢先生は言います。子どもにとって「全体」はあくまで「全体」なのです。

これは小学校の先生にとっては非常に教え方の難しいところで、今でもここを通過できない子どもたちが大勢います。同様に、例えば「灯油の中に水を一滴垂らしたらどうなるか」という「比重」の問題なども、相当難儀なものといえます。

小学校の先生方はここを突破させようと必死で努力しています。ものの見方や考え方が全く違う子どもたちを相手に、日々悪戦苦闘しているのです。プロとしてのプライドをかけて教えているのです。

こんな教師たちが多忙に打ちひしがれるというのはおかしな話です。「時間がほしい」という先生方の願いを実現してこそ、絵里のような子どもに本物の力をつけることができるのです。

それにしても子どもの言葉はまさしく「いま」を象徴します。「いま」という時代が映し出されます。

「学校に来ないかなあ」

不登校の子どもと、他の子どもとの関わりを築くのは容易ではない――一般にはそう思われています。不用意な刺激は、かえって登校機会を逃してしまうと。

しかし、本当にそうでしょうか。子どもたちは子どもたちなりに、どう関わろうかと腐心しているのです。積極的に関わろうとしないように見える子どもでも、やはりポツンと空いている席を眺めながら、何かを感じているのではないか、また何かを感じさせる手立てを教師は考えなければならないと思うのです。

洋子と仁志は幼なじみ。家も近かったため、しっかり者で活発な洋子はいつも仁志を外に連れ出し、一緒に遊んでいました。家の近くには山も川もあり、登下校もいつも一緒でした。時には勉強の面倒もみていたようです。

そんな仁志が中学入学後、間もなく不登校となり、一年後には自分の部屋からも出られなくなりました。私たちの呼びかけにも反応せず、部屋の前に置いてくる学級通信も手にすることはありませんでした。私たちは、大きな壁に阻まれ、学級にも「諦め」ムードが流れ始めました。

そんな中で一人だけ諦めきれない子どもがいました。幼なじみの洋子でした。

今日、「あっ、もう十二月じゃん。年賀状書かなきゃ」と思い、小学校の時の卒業アルバムを本棚から引き抜いて、住所を調べ始めようと思った時、ふと思った。「仁志、元気にしてるかなあ」考えてみると一年半くらい会っていません。一度、一年生の体育祭の時に賞品を置きにいって会っただけです。その時は元気そうだったんですけど、今はどうしているのでしょう。仁志は三年生になったら来てくれるでしょうか。卒業式には……。仁志は何と戦っているのでしょうか？　私にはきっと分かりません。

普段はさばさばしている洋子ですが、本当は仁志のことが気になって仕方なかったのです。最後のひと言に私は静かに涙しました。

でもさっき年賀状を書きました。仁志、早く学校へ来ないかなあ。

ポツンと空いている席を見つめる洋子の「いま」がよく表れた日記でした。

テストとのたたかい

中学生にとって勉強は「鬼門」です。この門を簡単にくぐれる子どもは、ほんのひと握りでしょう。最近は「主体的・対話的で深い学び」という言葉がキーワードになっていますが、教える内容量は変わっていません。とにかく内容が多すぎるのです。最近は背負った教科書の重さに耐えられず、登校途中に自転車で倒れてケガをしたという事例も報告されています。「ゆとり教育」から「学力重視の教育」へ転じて久しくなりましたが、その反動は今や子どもたちの心とからだに大きな負担を強いています。

「うわ〜やんだぐなる」これが二日間の気持ちだ。テストは嫌だ。とにかく嫌だ。頭悪いからもっと嫌だ。でもテストがある限りやるしかないのだ……。でもこの頃のテレビは最終回が多くて、どうしても見たい。でも勉強しなきゃならない。

雅子は大の勉強嫌い。「やんだぐなる」というのは、宮城弁で「嫌になる」という意味です。スポーツは万能なのだが、いざ勉強になると「もう一人の自分」がむくむくと起き上がります。

「テレビ見たいんだろ？　だったら見ればいいだろ？」

心の中の悪い奴が言う。

「ダメだ！　テレビなんか見たら、時間がもったいないだろ！」

心の中の善い奴が言う。
「見ろ！」「ダメだ！」「見ろ！」「ダメだ！」
心の中で争っている。

悪魔のささやきとたたかう雅子。録画ではなくリアルタイムで最終回を見たい雅子。誘惑に負けそうになる雅子。争いは続きます。そして、しばらく逡巡《しゅんじゅん》した後、ようやく勝負に決着が着きました。

結局、テレビを見てしまった……。そんな自分が、なんとなく情けなく見えた。まだ私には「それでいいのか？」と言ってくれる「もう一人の自分」がいない……いつかな……「もう一人の自分」が現れるのは……。

高校受験を控えた中学生の悲哀が伝わってきます。中学生の「いま」がよく見えます。戦後、日本の教育は一貫して子どもたちを苦しめてきました。過度な競争社会は国際的にも非難を浴びています。この日記は、私たち大人への抗議のようにも聞こえますが、皆さんはどう思いますか。

涙の数学

「あたし……できないんです……」

ある時、私が放課後の見回りをしていると、教室の片隅で朱美が泣いていました。机の上には数学のプリントがのっています。

「どうした？　居残りか？」

小さくうなずく彼女の目から涙が落ちます。毎日、放課後に居残りで課題をやらされていました。

「一人でやってたの？」

わずかにうなずいた後、冒頭のひと言をつぶやきました。

朱美は大の数学嫌いでした。国語は人一倍得意なのに、なぜか数学だけがダメなのです。そんな朱美が一度だけ、次のような日記を綴《つづ》ってきたことがありました。

今日はミラクルでした。数学が。いっつも式もろくに書けないのに。……先生にも「これ、朱美が書いたの？」って言われた。（そこまで言わなくても……涙）でもまあ満足でした。

初めて満足に答えが出せた日のものです。私は、この日記を取り上げて「その積み重ねが大切なんだよ！」と褒めました。そして、ノーベル化学賞を受賞した田中耕一さんの言葉を送りました（二〇〇二年一一月一二日付毎日新聞「理系白書」）。

「小さい失敗は日常茶飯事です。……マニュアル通りにやるのは、性に合わない。失敗すれば、もちろん落ち込みます。ただ、失敗を面白がるというか、楽しんでいるところもあります」

朱美の眼はさらにその先を読んでいます。

「なぜ実験するのか。……既知の理論が本当にその通りなのかを確かめるのです。教科書に書かれていることは、理想的な条件でしか成立しないということがありますから。……減点主義はいけません。……失敗を恐れてみんな同じ枠にはまり、似たようなことばかりに取り組むということになる……」

「大事なのは失敗を恐れない勇気があるかどうかだ」と子どもたちに伝えました。日記に現れた「いま」の子どものつらさや悲しさ、喜びや感動を受け入れ、寄り添うことで子どもは少しだけ勇気を抱き始めます。朱美はちょっとした照れと小さな勇気が同居した何とも言えない顔をしていました。

そんな朱美も最近一児の母になり、つらかった経験も笑って話せるようになりました。よく頑張ったね。

翻訳したい言葉

なぜ、勉強するのですか?――この子どもの声に答えられる大人はどれくらいいるでしょうか。抽象的な言葉はいくらでも出てきます。でも子どもの目線に立った言葉を発する大人は少ないのではないでしょうか。

次のような日記が出てくると、どう答えていいのか、いつも悩むのです。

今日は、期末テスト一日目……もうダメです。今回はがんばったつもりなのに……。でも……昨日、夜に部屋でテスト勉強をしていたけど、気づいたら机の引き出しの整理……部屋の掃除をしていた(ヤバい)。よくテストが始まると部屋がきれいになるとか、ならないとか聞くけど、そういう人が多いようです。これは人間の習性みたいなものなのか?

私もよくやる典型的な逃避行動の一つです。香奈もそんな一人でした。心理学では、「セルフ・ハンディキャッピング」といわれる行動で、わざと自分に不利なことをし、事前に「言い訳」を準備する行動だといわれています。しかし、一方では視覚的に頭脳を整理する作用があるともいわれています。

勉強は自分のためにすること。なりたいものになれるように勉強しなければいけない……と言っても、今の私はまだなりたいものが見つからない。でも将来のために、勉強を頑張らなきゃいけない。それに他の中学校では、もっと問題も多くて難しいとも聞くし……本当に頑張らなきゃいけないと思う。

塾での情報なのでしょう。子どもたちの間で、学校間の違いがまことしやかに語られているのです。他校の子どもをライバルとしてはっきりと意識しているのです。

ここで見落としていけないのは、不透明な将来に、子どもたちの「いま」が縛られているという現実です。「いま」の自分を自分らしく生きられないのです。これは大人たちにも当てはまります。

「個性とは、生きとし生けるものの建築作品だ」

ルイ・アラゴンのこの言葉を、何とか「いま」の子どもの心に届けたいものです。あなたらしく堂々と生きていいのですよ！　大人の責任で翻訳して子どもの心に届けたい言葉の一つです。

作り話

この前の漢字テストで合格した。セッキも少しは驚いただろう。いつも話をあまり聞いていないこの僕が、五十問テストで合格した。

嬉しそうに綴ってきた智。「セッキ」とは国語の関本先生のこと。智は学級のムードメーカー&マスコットで、いつもみんなを笑わせています。どうにも憎めないキャラなのです。不甲斐ない結果が続いていたのでしょう。小テストの結果に喜んでいるのがわかります。初めて受けた「合格通知」。日記にはその嬉しさがにじみ出ています。さらに、日記に熱がこもっていきます。

セッキは僕のテストを採点しながら、「あの智がここまで頭がいいとは……」と言って腰が抜け、椅子と一緒に地面にこけてしまった。

「そんなことあったかなあ?」と思いながら読み進めます。

そこに明夫先生が来て、「大丈夫ですか?」と言った。セッキが「このテスト見てください!　あの智が漢字のテストで合格ですよ!」と言った。明夫先生は「すごいじゃありませんか!」と言って、そのテストを大阪先生の所に持っていった。大阪先生もびっくり仰天。そのテストがすべての先生に回った。

じゃあ他の先生たちもみんな知っているのか？　でもなんで担任の俺だけ知らなかったんだろ？　不思議に思いながら、さらに日記を追いかけます。

それが校長まで回ると「う～ん！　この中学校にもこんなに成績のいい生徒がいたのか。嬉しくて涙が出てくるよ」

何かがおかしい。なんで智がここまで詳しいことを知っているんだ？

次に、校長が担任のセーノ先生を呼んで言った。「君の学級にはこんな頭のいいやつがいたのか？　私は嬉しいよ」セーノ先生は自分の学級を自慢します。「当たり前です。これくらいは屁のかっぱです」。校長は「う～ん。すごい。君はすごい教師だ。これからも頑張りたまえ」と言った。

そうです。これは全て智の「作り話」です。本当はどの子どももみんな賢くなりたいと願っているのです。それに応える責任が大人にはあります。

この日記も子どもの「いま」を反映したものになっています。それにしてもよくできているなあ。

第6章　親の言葉を受け止める

思春期の親たちの悩みの一つが子どもとのコミュニケーション。「最近、口数が減った」「何を考えているのかわからない」「スマホばかり見ている」こんな親の悩みがよく寄せられます。そんな親たちの言葉を何とか子どもたちに伝えたい——そう思って始めた「子育てノート」。単なる連絡ノートではなく、親としての悩み、葛藤《かっとう》、不安、そして希望を親同士で交流し、子どもに伝えるノートです。教師の知らない子どもの姿が綴《つづ》られてきます。

千円札

親たちが持ち回りで綴っていく「子育てノート」には、担任の知らなかった事実や子どもの意外な面が、親ならではの視点で綴られてくることがあります。
祐太はいつも明るく前向きな子どもです。小さい体はまるで好奇心の塊です。私が教室に持ち込んだ遊び道具にいち早く反応する子どもです。ちょっと落ち着かない部分はありますが、それも好奇心の為せる業なのです。
そんな祐太の母親が、「子育てノート」に祐太の生活の様子を綴ってきました。

さて、今日は息子の自慢話を一つ。祐太は生まれた時からおじいさん、おばあさんといるのが当たり前の生活です。そのせいかどうか、とてもお年寄りに優しい子どもに育ってくれました。

祐太の優しさもそうですが、ここではむしろおじいさん、おばあさんが祐太を大切に育てたのだろうということが伝わってきます。孫の成長を温かく見守る祖父母の姿が浮かび上がってきます。

荷物を持ってあげた見知らぬおばあさんからお礼の電話をもらったり、最近は道案内をしたらしく、家に帰った時、なぜか自転車の後ろに千円札がはさまっていました。

子どもがこのようなエピソードを学校で自慢げに語ることはほとんどありません。周囲から自慢話ととられることを嫌がるせいか、私たちの耳にはなかなか届きません。それがまた何とも健気《けなげ》です。ですからこのような日記が出てくると心がほっこりするのです。そして、子どもの身近で起こる話は、何と言っても親たちが一番よく知っているのです。

教えるべき親の私がちゅうちょしてできないことを、あっさりと実行する息子に教えられています。この「人を思いやる気持ち」をずっと持ち続けてほしいです。

学校は教師が子どもに何かを教える、授けるだけの場ではありません。逆に、教師が子どもに教わる場でもあるのです。その時、子どもと教師の立場は一瞬で入れ替わります。これは嬉しい入れ替わりなのです。教えているつもりが教わっている——これを私たちは「成長」と呼んでいるのです。

大人と子どもの「入れ替わり」の瞬間がいかに眩《まぶ》しいか——子どもの成長とはそんな瞬間の積み上げなのです。特に、思春期を迎える子どもたちは少しずつ大人への階段を上りはじめます。

六本の線香

次の直哉のお母さんの日記も、そんな立場の「入れ替わり」を教えてくれています。

二度目の子育てノート。やっぱりドキドキ。今夜は夕食も早く時間もあり、ビブレに買い物に行くことになりました。自分のほしい物を見て買い物をすませました。その後、今日は直哉のおばさんの誕生日なので、プレゼントに花を買うことに。私が仕事をしているため、直哉が小さい頃から病院に行く時など、このおばさんに連れて行ってもらうことが多く、「育ての親」のような人です。花が好きなので花束を贈りました。男の子のわりにそういう優しい心遣いができる子です。

お世話になったおばさんに花束を贈る中学生って素敵ですね。幼い頃に病院に連れていってもらった恩返しなのでしょう。そんな直哉の優しさは、続く話でもよくわかります。

私の父が今年三月に他界しました。その父にもよく線香をあげに行ってくれます。「今日はお母さんも来られないと思うので」と言って、家族六人分、六本線香をあげて拝んでくる息子です。このままいつまでも素直で優しい人に育ってほしいと思います。

家族の代わりに全員分の線香をあげる――私は、このお母さんの日記を紹介しながら、前回の祐太も含めて学級通信で次のように励ましました。

祐太も直哉も素晴らしい子どもたちだ。まっすぐに育っているのがよくわかるし、こういう子どもたちがこれからの日本を背負ってほしいなとつくづく思う。人の心のわかる子、人の辛《つら》さや悲しさ、喜びを自分のことのように感じられる子、そんな子がどんどん育ってほしい。

「今時の中学生は何をするかわからない」――こんな言葉がよく聞かれます。でもこんなにまっすぐに育っている中学生だってたくさんいるし、まだまだ捨てたものではありません。そこに一筋の光明を見つけ出し、未来を託すのが私たちの仕事なのかもしれません。

生と死

先に、動物病院の先生の「手」を見つめた俊介の日記を紹介しました（第1章「動物病院にて」）。そんな俊介のお母さんは、どんな思いでわが子を見守っているのでしょうか。

うちの犬が死にそうです。十二年と二ヶ月いっしょにくらしてきた犬です。年だからさからうことはできないことです。でもかなしいです。今日は調子が悪い、今日はごはんをよく食べた、そんな毎日です。

家族の一員のような犬の容態に、一喜一憂している家族の様子がわかります。

うちには一月三十一日に生まれた俊介の妹がいます。なんか話した、ハイハイした、歯がはえた、すくすく成長しています。生まれでた命と消えゆく命。今、微妙な年頃の俊介はこの二つのことをどのように感じているのでしょうか。言葉では伝えきれないものを、自分なりに感じて心の栄養として成長してほしいです。うまく書きあらわせないけれども、そんな思いで日々子どもたちを見守っております。

犬の死は、お母さんにとってもつらく悲しいことですが、それを押し殺して、今、目の前で新しい命と対面し、同時につらく悲しい死と直面している息子への思いを語ってくれました。「悲しみもまた人生」「つらさもまた勉強」と息子に言い聞かせることで、家族が一緒になって悲しみを乗り越えようとしているのです。
そんな思いを汲《く》み取りながら、私は学級通信にこんな返信を書きました。

　八ヶ月だとハイハイからつたい歩きにうつる頃でしょうか。「這《は》えば立て　立てば歩めの親心」よくわかるなあその気持ち。それとは対照的な犬の命。十二年と二ヶ月と言えば、ほぼ俊介が生まれた頃から飼っていたんですね。寿命と言えばそれまでですが、やはり一抹の淋しさがありますね。ただ天寿をまっとうしたのであれば、お祝いをしてあげないといけませんね。多感なこの時期、俊介にとってはつらいかもしれませんが、勉強の一つだと思って見届けてほしいものです。

生と死が交錯する家族を見つめるお母さんのまなざしが実におおらかです。

修学旅行とグローブ

私が引率した修学旅行で、特に印象に残っているものがあります。一つは、小さな中学校に勤めていた時の手づくりの修学旅行。わざわざ雑魚寝のできる小さな旅館を探し、夜は枕投げ、早朝は「赤門」「豆腐屋」「相撲部屋」の見学をしました。初めて見る相撲部屋の「てっぽう」にはみんな驚いたものです。

そして、もう一つはあの「オウム」による地下鉄サリン事件直後の修学旅行です。地下鉄が一切使えない、厳戒態勢の中の旅行でした。

オウム騒動の真っただ中への修学旅行。帰って来るまで、無事な姿を見るまで心配でした。

夏美のお父さんは娘の安全を一途に願って送り出そうとしていました。しかし、娘の荷物の中に不思議なものを見つけます。

出発前夜、バッグの脇に並べられた準備物の中に修学旅行には縁遠い物が一個。

「どうすんの？　そのグローブ」

「だって先生が持って来いって！　向こうで朝練だってさ」

投げやりな娘の返事。口ではブツブツ言いながら、なぜか弾んでいる様子。口とは裏腹にまんざらでもない態度が全てを物語っている。

前の部活になじめず、二年の途中からソフトボール部に移ってきた夏美。顧問はまだ若かった私。修学旅行から帰ってきた翌日が大事な大会だったため、キャプテンと相談し、とりあえずグローブとバットを持参することにしたのです。バットケースを見た添乗員が思わず「それ何ですか?」と聞いてきました。

三日後、無事に帰ってきた娘の姿を見てひと安心。家に着くなり早速いろんな土産話。ホテルの素晴らしい朝食メニュー。もんじゃ焼きの「大野屋」探しの失敗談など。でもそんな中で朝練の様子を語る娘の瞳がいきいきと輝いて見えたのは私の気のせいでしょうか。今から何年後かに笑いながら楽しく語れる想い出を一杯作った二泊三日。良かったね!

訳ありで入部してきた夏美に何か残してやりたいというのが本当の理由でした。そんな夏美も今は一児のお母さんに。孫を愛でるお父さんの様子が目に浮かびます。眠い目をこすりながら朝日の中のノック! 子どもに聞かせてやってな!

大きな手

自分一人で生まれてきたような顔をして……誰のおかげで大きくなったと思ってるんだ！　いいかげんにしろ！

子育て日記にこう怒りをぶちまけてきたのは宏樹のお母さん。この文章だけ他の文字より大きく書かれています。

最近の宏樹はとても生意気になってきました。小雨の降る朝、学校へ行く宏樹を玄関まで見送った時、「傘、持っていったら?」と言えば「いらない」。外出する時、「寒いからジャンパー着ていったら?」と言えば「大丈夫」。自由参観の一日目、仕事前に五分でもと思っていたら「来なくていいから」なんてつれない言葉……。

「ん～お母さんもちょっとかまいすぎかなあ」と思いつつ、「やはり寂しいんだなあ」とちょっとだけ同情してしまいます。相手は一人息子だからなおさらです。怒りはまだ続きます。

毎日、毎日、勉強もしないでギターばかり弾いて、試験の前になると焦って机に向かうけれど、勉強時間は十分、休憩三十分。何か欲しい物がある時だけ、買い物についてくる。旨いんだか、不味いんだか、感謝の気持ちもなく当たり前のように食事をしている……。

この後に冒頭の言葉が続きます。何ともお母さんの悲哀がにじみ出ています。そして、話は宏樹の幼かった頃にとびます。

宏樹がまだ小さかった頃は、「早く大きくならないかな」と思っていましたが、今となれば「お母さん、お母さん」と言って、いつもそばを離れなかったあの頃が一番良かった……。

宏樹の言動は思春期の平均的な姿なのですが、どうもお母さんの方が子どもから離れられないようです。でも最後の一節を読むと、どうやらお母さんも「子離れ」の季節を感じているようです。

先日、家族で食事に出かけた帰り道。一人でさっさと歩き始めた宏樹。何度か後ろを振り返り、少し酔った私に、無愛想に手を貸してくれました。その手は主人よりも大きくなっていました。

泣くな、お母さん！　宏樹はちゃんと育っているではありませんか！　涙を拭《ふ》いて喜びましょう！　子どもの親離れ、親の子離れ！　いよいよ自立の時なのですよ！

白黒まだら

「変なことを書くな」と言われ、監視されながら書いています。「オラのことは書くな」と言っています。でももちろん「オラ」のことを書きます……。

この「オラ」の主は祐介。お母さんは、息子に「監視」されながら、「実況」風に日記を書いてくれました。これが実に面白い。

先生も一年生の時から担任をしていただいているのでご存知だと思いますが、うちの息子は「ボー」とした性格で、「テーブルの上を片付けて」と言えば、その日の日付の新聞をゴミ箱へ……何を考えているのか、何も考えていないのか……その性格のせいなのか、運にも見放されているようで、くじ運もなく、いつも弟が当たりくじを引くという感じでした。

確かに祐介は「ボー」とした子どもでした。そんな祐介が、何と運に恵まれます。

ところが今、そうです！　この「子育てノート」を書いている最中に生まれて初めて大当たりをしました。今、祐介が近所に缶ジュースを買いに行きました。五百円玉を持って。しかし、帰ってきた祐介の手にはコーラが一本と六百三十円のお金！　百円玉が五枚、五十円玉が一枚、十円玉が八枚。祐介は大喜びです。

たまたま何かに当たったたか、機械が故障していたのでしょう。話はここで終わりません。

「もう一回買ったらもっとお金が増えるかも！」と二百円を持ってまたジュースを買いに行ったのです。私は（バ〜カ）と思いながら待っていると、コーラ一本と十円玉八枚を持って、息子は帰ってきました。「あ〜あ、十円玉が十六枚になってしまった」とがっかりしています。やっぱり運はないのです……。

お母さんの冷静なまなざしが、逆に何とも言えない家族の温かみを醸《かも》し出しています。

「金八先生」のモデルになった故・三上満先生は、よく「子どもは白黒まだら」「人間はみんな不完全」「個性とは万人に好かれる歪《ゆが》み」と言っていました。いいところもあれば悪い所もある。そんな子どもをこよなく愛し、「愛のらせん階段」を上り続けるのが教育の仕事だ、と。

今、しみじみ噛みしめたい言葉ですね。

飽食の時代の中で

疲れた体を引きずりながら綴られてくる親たちの日記には、時折、社会が反映されます。「子育てノート」は、社会を映す鏡の役目も果たします。恵美子のお母さんがある日、こんなことを綴ってきました。

最近、ショッキングな事件を耳にしました。何と今の飽食の時代に七十代の母と、四十代の息子の親子が餓死したとの事である。兄弟や親戚、知人はいなかったのか？　隣近所の人たちは餓死するまでわからなかったのか？　誰の責任になるのか？　その親子は他人との関わりを嫌い、自分の家庭のことだからと自分たちの殻に閉じ込もり、他人の援助を受けるくらいなら死んだ方がましだと言って死んでいったのか？　死に至るまで何らかの施しようがなかったのか？　都会生活ならではの事件なのか？　疑問符ばかり続く。

九〇年代に入ってから、「餓死」という言葉が新聞に登場するようになりました。この言葉はとてもショックでした。

他人に援助するということは大変難しいことである。どういう形や方法で、何をしていったらよいのか、簡単には理解できない。する方もされる方も対等な立場を保つことができないと、その行為は成立しない。これから先、似たような事件が私たちの地域でも起きるかもしれない。悲惨な事件が二度と起こらないようにする為にも、私たちは地域社会の中で何をしていけば良いのか、常に考えて行動しなければならないと思う。

これは今から二〇年ほど前に綴られた日記ですが、現在、このお母さんの予感が見事に的中しているではありませんか！　子どもの六～七人に一人が貧困家庭と言われるような社会になることを、お母さんは予感していたのでしょうか。生活者としての直感は実に鋭いのです。

そんな恐れを抱きつつも、恵美子のお母さんはほんの小さな幸せを見つけ出します。最後に、こう付け加えてありました。

追伸　昨日、夫と2人で年次休暇を取って田植えをしました。夫は泥だらけなのに、なぜかその姿は頼もしく、セクシーで、ついつい見とれてしまいました。

いやはやご馳走さまでした！

第7章　家族の姿、教師の役割

家族の形が多様化してきました。伝統的な家族の形に縛られる時代は終わろうとしています。形よりも豊かな関係性を築くことが求められています。しかし、それは親子の絆《きずな》の断絶を意味しているわけではありません。親子が互いを思う気持ちはいつの時代も変わりません。ただ長時間労働や介護の問題など、親子を結びつけるまっすぐな気持ちを阻む要因が多々横たわっているのです。教師はそれを読み込んだ上で、「家族を励ます」ことが必要です。

お母さんと遠足

「子育てノート」には、子どもを見守る親の「まなざし」が綴《つづ》られてきます。この「まなざし」は子どもの心の栄養となり、安心感をもたらします。

「お母さん、大丈夫?」と言う心配そうな息子の顔。遠足の朝のことです。前日、私が熱を出し、寝込んでしまったので心配していたようでした。「大丈夫だから行ってらっしゃい」と言うと、安心したように出かけて行きました。

敏雄の家はお母さんと敏雄だけの家庭。前日から熱で寝込んでいたお母さんを心配しながら、敏雄は遠足に出かけていきました。

夕方六時すぎに帰ってきたので、「どうだった?」と聞くと、「うん、楽しかったよ」と言って、一日の様子を話してくれました。「これを食べて元気になって」。そう言って、〝野菜だんご〟と〝萩の月〟をたくさん買ってきてくれました。

敏雄はお母さんのために、お土産にうまいもの、栄養のあるものを買ってきました。仙台の街を散策しながら家に残してきたお母さんのことが心配だったのでしょう。健気《けなげ》な息子の思いが伝わってきます。

そして、そんな息子を見つめるお母さんのまなざしが実に優しいのです。

いろいろなところを歩いてとても疲れた様子でしたが、その日は塾のある日でした。いつも忘れたことがなかったのに、よほど疲れていたようで（今日は塾に行きたくない）と顔に書いてありました。が、時間になると出かけて行きました。遠足で疲れているのにかわいそうだと思いましたが、自分で行くと決めて行っているのですからがんばってほしいと思い、黙っていました。

翌日、「おはよう」と元気に起きてきたので、ほっと安心しました。

親子の何気ない風景の中に、病気のお母さんを労《いたわ》る息子と、疲れた体をひきずって塾に出かける息子の後ろ姿にエールを送るお母さん――「子育てノート」に綴られる小さな家族の物語。紡ぎ出されるのは誰も断ち切ることのできない親子の絆《きずな》。それが強ければ強いほど、私はこう叫びたくなるのです。

「がんばれ敏雄！　がんばれお母さん！」

試旬期

朝の忙しい時、日記を渡されました。いつもそうです。使った箸も何度言っても朝に出す。学校で必要な物もその日の朝。ヤッさん、朝の忙しい時、あなた一人の母ではない！　日記とはもちろん「子育てノート」のこと。ものぐさなヤッさんはお母さんの忙しさをよそに、マイペースで生きています。

子どもも大きくなると必要以外の話はしません。男の子だからなおさら。食事と風呂以外は殆《ほとん》ど部屋にいます。子どもはどんどん成長・自立していくのに、親の方は進歩がないのかもしれませんね。つい言い過ぎたり、子どものことは何でも知っておきたい……親のエゴでしょうか。子どもの言葉は結構きついです。親だって傷つきます。子どもから見る親とはどのようなものなのでしょうか。

子どもが「思春期」を迎えるのと同時に、親も「試旬期」を迎えるのかもしれません。もっともこちらの方は親としての旬の時期が試されるという意味ですが……。

この間、小六の妹と小三の弟が取っ組み合いのケンカになり、私一人ではどうにもならず「ヤッさん来て止めて！」と息子に助けを求めました。「何したのや～」と言いながら階段を降りてきた。その足音を聞いたとたん、妹弟はパッと離れて一瞬にしてケンカが収まったのです。親の私はただただ唖然《あぜん》。なんでなんで？

長兄としての威厳なのでしょうか、妹弟は兄の足音に何かを察したのでしょうか。この辺の記述になると冒頭のお母さんの怒りも少し収まっています。

私が用事で帰宅が遅い時、妹と弟を風呂に入れて寝かせていてくれます。父親が船の仕事でいない分、頼もしい時もあります。いつも母はおおいにあなたに感謝しています。

一つ一つのエピソードを語るうちに、いつの間にかヤッさんへの「不満」から「感謝」に変わっています。ヤッさんが、遠洋の漁船で働くお父さんの代わりを担っていることに気づいたのでしょう。妹弟のケンカが一瞬で収まるのも、そのせいかもしれません。

それでもふと我に返ったお母さん。最後にきっちりと「注文」を忘れません。

母の説教も心の隅に入れていてくださいね。

点滴っ子

「子育てノート」に綴られるわが子への想いについては、これまでもいくつか紹介してきました。その中でも子どもの誕生に関わるものは、いつの時代でも子どもたちの心を動かします。

愛華の場合、生まれた時のことを思うと存在そのもので感謝です。

書き出しから何か訳ありです。何かつらいことがあったのでしょうか。

どこの家庭でも子どもの誕生のドラマがあると思います。我が家も愛華は、お腹の中のほとんど十か月は病院での〝点滴っ子〟で、時おり死んだふりなどをし、お医者様が言うには、打たれ強い、生命力のある子だったようで……元気に世に出てきただけで、中島みゆきの「誕生」の詞通り〝生まれてくれてウェルカム〟です……。

お母さんのペンが一気に動く様子が伝わってきます。途切れなく続くその文面からも、あの一〇か月の苦しく不安な思いが伝わってきます。検診のたびに「まだ生きている」「今日も何とか生き延びた」とホッと胸を撫《な》でおろしたことでしょう。何とか生きさせたい……親の願いはその一点だけだったのでしょう。

実は私も最初の子どもを流産で亡くし、二番目の娘も切迫流産の危険の中で生まれてきました。愛華の誕生秘話と重ねながら、私は学級の子どもたちに語りかけます。

今はこんなに元気な愛華も幾度となく流産の危機を乗り越えて「今」がある。時々心音がなくなる時があったのでしょう。恐らくその度にお母さんは注射を打ち、お腹をさすり、小さな命に呼びかけたのだと思う。ほんの小さな振動も小さな子どもにとっては命取りだから、ただただベッドの上で点滴を受け、か細い命の綱をたぐり寄せたのでしょう。いやお母さんがたぐり寄せたのではなく、愛華自身がしっかりとしがみついていたと言った方がいいかもしれません。

生きようとする子どもと生きさせようとする親。児童虐待のニュースが絶えない今、子どもの誕生と成長を無条件で喜び合える社会、それをみんなの力で保障する社会をつくらなければなりません。子どもにもそれを伝えていく義務が私たちにはあるのです。

四世代家族

我が家は四世代同居です。寝たきりの曾祖父《そうそふ》、病気をしたことのある祖父と手のかかる家族もいますので、息子には何かと協力してもらっています。

こんな書き出しで「子育てノート」を届けてくれた博義のお母さん。家庭訪問の時も、家族内の実情を語ってくれました。

三年前に祖母が亡くなってからは、私と主人だけでは間に合わないこともありますので、家族の助けが必要です。旅行もできなくなりましたが、いつかみんなで行けることと思っております。

いつもにこにこと聞き役に回ることの多い博義。その家族の苦労が伝わってきます。両親揃って介護にあたる姿を、博義は間近で見てきたのでしょう。私は一瞬言葉に詰まりましたが、学級通信でこう呼びかけました。

この日記を載せることに少しためらいがありました。それは博義やお母さん、お父さんの大変さが痛いほど伝わってきたからです。寝たきりの家族がいること、家族の助けが必要なこと、家族で旅行に行けないこと、お母さんがどんな思いでこの日記を書いてくれたことか、いろんなことがたくさん詰まった日記です。

介護の問題に直面した家族の葛藤《かっとう》は計り知れませんが、そんな親の姿を見つめる博義の優しさも見逃してはいけません。

僕の家族は『あすなろ』に出ていたように四世代家族です。家ではいろいろ大変なこともあるので、母だけではできないこともあります。そこで助けてくれるのは父です。いつもはあまり頼りないのですが、何かやらなければならないときは、きっちりと自分の仕事をまっとうしています。ぼくはこういう家族を見ながら成長しました。

お父さんへのちょっと辛口なコメントの後、彼は決意を語ります。

自分もまだいろいろなことを知っていかなければならない。僕はこれからも家族を助け、自分でやるべき事はやると決心しました。

この日記の直後、曾祖父は家族に見守られながら旅立ちました。「仏のような表情でした」とお母さんは後に語ってくれました。お母さん、お疲れさまでした！　そして、がんばれ博義！

家庭内いじめ

最初は慎重に綴られてくる親たちの日記も、一回りすると少しずつ本音が綴られてくるようになります。そして、他の親たちが目にする日記にもかかわらず、どんどん家庭内の「諸問題」を綴るようになってきます。

明るいキャラクターの由美のお母さんですが、何やら深刻な雰囲気が……。

私、この頃いじめにあっています。家庭内いじめです。主人、子どもたちがじわじわと私を言葉と視線で……。専業主婦なので何をするにも時間は十分にあるのですが、いろいろと手抜きをしてしまい指摘されます。主人はともかく、子どもたちは母親のすることを見ないようにしてちゃんと見ているのには驚きます。

こんな書き出しで綴られると思わず引き込まれてしまいます。何かサボったのでしょうか?

細かい中身はさておき、このノートの前にお母さんとお父さんが一緒にいることがわかります。

この子育て日記を書いている脇で主人曰く、「いじめではありません。愛情です。」の言葉。素直に受け止めればいいのですが、何せ私は根性が曲がっているので……。我が家では子育てはもちろん、母親育てもしてもらわなくちゃ。お父さん、がんばって〜。

隣にお父さんがいる中で、この「いじめ」について綴っているのです。夫婦の会話の様子が目に浮かびます。もう自分のしでかしたことは忘れています。神経の太さはその後の文章にも出てきます。

この次は日記を父親に書いてもらわなくては。〝父親の子育て日記〟として母親とは違った視点で子どもを見ているので。文章を書くのは苦手でまとまりがなくてすみません。お茶飲み話は好きなんですが……。これからもよろしくお願いします！

娘のことはほとんど綴られていませんが、どんな家族かは容易に想像がつきます。決してぎすぎすした環境ではなく、のびのびした環境、ごく自然な関係の中で由美が育ってきたのがわかります。

子どもの日記や他の親たちの日記に接した親たちは、お互い見ず知らずだったとしても少しずつ心を寄せ合っていきます。「子育てノート」はそんな接着剤の役割を果たしていきました。なにはともあれ負けるな、お母さん！（今後は見つからないようにサボってください）

たかがお弁当

「あなたは何で親の愛を感じますか？」

こんな見出しの学級通信を書いたことがありました。きっかけは高一の息子をもつある母親の新聞への投稿でした。ある日、友達と遊ぶことを優先したため弁当を残してきた息子に、母親はこう宣言します。

《明日からお弁当作らない。》

母親の静かな怒りが文面から伝わってきます。私は母親の言葉を噛んで含めるように静かに読み上げます。子どもたちも集中して聞き入ります。私にも身に覚えがあるので、内心〈あちゃ～〉と思いながら読みました。すぐそこにある親の愛に子どもはなかなか気づかないものです。私の発題はこうでした。

先生の高1の娘・咲が弁当を持ち始めました。毎日、奥さんと一緒に弁当を作っているのを見ながら（あぁ、伝統の味が引き継がれていく～）と思うこの頃。ふと左の記事を目にして考えました。

「みんなは何で親の愛を感じているのだろう？」

愛のセンサーの感度を試してみます。なかなか答えが出てきません。実は、私も同様でした。

考えてみれば、何も弁当に限ったことではなく、毎日の生活自体が親の愛の塊なのです。朝ご飯から始まり、家の掃除、洗濯……外で働いてくるのも全て親の愛情なんだなあ。と言っている先生も親の愛なんて考えることがなかったなあ。弁当の中身に不満を言ったり、小遣いの少なさにキレそうになったり……。多分、みんなの中にもそういう人は多いと思います。

- - - - - - - - - - - - - - - - - -

だんだん自分の懺悔《ざんげ》のような文章になってきますが、子どもたちの表情はすこぶる神妙です。子どもたちの心が揺れはじめているのがわかります。

- - - - - - - - -

のどを通してしまえば同じ食べ物かもしれないけど、消化してしまえばただの栄養かもしれないけど、みんなの心の栄養になるのは、やっぱり親が手をかけてくれるあれこれだと思います。

- - - - - - - - -

そして、この母親の投書の最後の部分を読み上げました。

《さて、いつから再開できるかな。たかがお弁当だけれど、気持ちは揺れている。》

どこまでも、どこまでも深いのが親の思いなのですね。

セカンドステージ

今年のGWは、涙で幕を開けました。一〇年前の教え子の結婚式に呼ばれたのです。母子家庭で育った一茂。その陰にはお母さんの温かい子育てがありました。

いつもお世話になっています。我が家では長男の一茂が生まれてから十年七か月後に弟が生まれたので、どちらもほとんど一人っ子のような状況です。年の離れた弟ができた一茂。でもその心中は複雑だったようです。

弟が生まれる前に、「赤ちゃんが生まれたら僕のこと嫌いになるの?」と聞いてきたことがあります。

「弟にお母さんを取られるのではないか」という不安が幼い一茂の胸を締めつけていたのでしょう。子どもらしい素直な不安ですが、それ以上にお母さんの一茂に対する言葉が私たちの心をほっこりとさせます。

「どっちも好きだよ。でも赤ちゃんだから手がかかっちゃうね」と言いました。

この言葉によって一茂はひと安心します。この安心感が逆に子どもの「親離れ」を促すのです。お母さんはちゃんと「安全基地宣言」をしてくれたのですから。

そして、次の文章を読むと一茂がただの「甘えん坊」から脱皮しはじめていることがわかります。

弟が生まれると恥ずかしそうにぎこちなく抱っこし、「名前は僕がつける」というので、そのリクエストの「竜」の字を入れて「竜司」と名づけました。

主役の座を奪われかねない「危険な弟」を愛でる「兄」がここに誕生したのです。そして、そこに導いたのは何を隠そうあのお母さんのひと言だったのです。

私はこの日記を結婚式の祝辞の中で披露しました。当時を思い出しハンカチで涙を拭《ぬぐ》うお母さん。これまでの苦労が一気に思い出されたのでしょう。傍らには名づけ親の兄を見守る弟が寄り添っていました。

さらに、高校時代に野球部で一緒にプレーしたキャプテンがスピーチに立ちました。ある日の練習の帰り道。くたくたの体を引きずりながら信号待ちをしていた自転車の上で、一茂はこうつぶやいたそうです。

「次の日曜日は『母の日』だから何かプレゼントしなきゃ……」

当時の思い出を語る仲間の声に祝福されながら、一茂は人生の「セカンドステージ」に立ちました。お母さん、ご苦労様でした！

第8章　学級を創る言葉

学級とは、「ある」ものではなく、「なる」ものであり、教師からすると「つくる」ものです。私は、この「つくる」には「創る」という字をあてがうようにしています。学級を「創る」仕事は芸術に近い仕事だと思っているからです。様々な違いや個性をもった子どもと、それを見守る教師と親たちによる「新しい価値」の共同的な創造過程だと考えるからです。それはまさしく芸術と同じです。この学級を「創る」過程の一端を紹介します。

悲鳴

梅が香に　のっと日の出る　山路かな

芭蕉が歩いた「奥の細道」にも静かに春が訪れます。東北の春は雪解けとともにやってきます。四月初めはまだ桜も蕾の時期ですが、校内には立派な花々が飾られ、子どもたちを出迎えます。花は別れも出会いも知っているのです。

いよいよ新学期が始まります。子どもたちの関心事は毎年決まっています。一つは誰と同じ学級になるか。もう一つは誰が担任になるか。朝、新しいクラスメイトの名簿が掲示されている昇降口から歓声が聞こえてきます。

さて、問題は担任です。担任は始業式で発表されます。しかし、その前に子どもたちは朝の会で一日の動きを確認しなければなりません。私たちは子どもたちをかく乱するための「フェイント攻撃」を仕掛けます。朝の会にまともに新担任が行ったのでは面白くありません。かといって、絶対嘘だとバレるような配置でもよくありません。絶妙な配置を考えます。

しかし、彼らは彼らで春休み中から作戦を練ります。偵察部隊が職員室に不自然に出入りし、どのシマに誰が座っているかを探ろうとします。私たちも負けじと入口にパーテーションを配備します。今度は職員室の窓の外からこちらをじっーと見つめます。私たちは慌ててカーテンを閉めます。春はこんな攻防から始まるのです。

さて、始業式のクライマックス。いよいよ担任発表です。教務担当が順番に発表します。

「2年1組……イトウ先生！」

「わぁー！」

「2年2組……サカイ先生！」

「ヨッシャー！」

「2年3組……ヤマザキ先生！」

「ヤッター！」

次はいよいよ私の番です。

「3年1組……セーノ先生！」

「キャー！」

何の悲鳴かはご想像にお任せします。とにかくスタートの春です。また新しい学級づくりが始まります。

座敷わらし

「人は見かけによらない……」という題で担任発表の瞬間を綴《つづ》ってきたのは歌江でした。

私は、担任がセーノ先生だと聞いた時、すごくイヤでした。外見がとってもこわそうだし、きびきびしてて、いかにも「勉強〝命〟」みたいな先生に見えたからです。

初対面でいきなりぶつけてきた本音に一瞬たじろぎましたが、よくよく考えるとこれは嬉しいことなのです。綺麗事ばかりを求める昨今の教育の傾向を考えれば、はじめから「自己開示」してくれる日記は実に喜ばしいのです。

それで、そんな気分のまんま学活の時間になりました。私は、「先生の話なんて興味ないし……」と思いながら話を聞いていると、先生が「中学校は勉強するところだと？……本当は、遊ぶところなんだよ」と言っててびっくりしました。

「勉強〝命〟」のような顔をした私の「学校遊び場宣言」に驚いたのでしょう。

その他にも「教室の後ろは座敷にする」と言ったり、マンガ本を山ほどもってきたり。「人は見かけによらない」ということがよくわかりました。

この学級は、生徒同士の力関係がはっきりしていたこともあり、前年は学級崩壊寸前までいきました。担任の言葉もうまく入らず、空中分解寸前でした。その意味ではどこかに教師不信があったのでしょう。

落下傘のようにこのクラスに入った私は、思い切った方策を練ります。教室後方の移動式の仕切りを取り払い、二つの教室を一つにし、もう一つの教室全面に畳を敷くことにしたのです。教室に畳の座敷！　子どもたちは次々に質問をしてきます。

「先生，畳の部屋に電気ごたつを持ってきていいですか？」

「『こたつ』といえばもちろん『みかん』ですよね？」

「畳の上で寝るのに毛布持ってきていいですか？」

矢継ぎ早の質問への答えは全て「イエス」。

ただし、こちらも条件を付けます。自分たちでルールを決めてしっかり守ること、もし守れなかったらどうするかも決めること。子どもたちははりきって約束事を決めていきました。

「自己管理能力」とはこの自発性の上に開花します。そして、この畳の部屋を「エンジョイルーム」と命名しました。畳の上で群がる子どもたちはまさしく〝座敷わらし〟！　そっとほくそ笑む私でした。

臭う畳

教室に突如現れた畳の座敷——教室に畳を敷き、ここでは寝そべっても、遊んでも、何でもいいことにしました。その理由はいくつかありました。

一つ目は、体の疲れをとってほしいということ。部活、塾、習い事、家庭生活（？）……子どもたちはいろいろと重い荷物（課題）を背負って学校にやってきます。ここは心の荷物を下ろす場でもあるのです。

二つ目は、じゃれあいの場の創造。子どもたちの前頭葉の不活性が指摘され始めていた頃でした。意図的に興奮状態をつくることで交感神経を刺激し、自律神経を正常に働かせてほしいと思いました（野井真吾『新版　からだの〝おかしさ〟を科学する』かもがわ出版、二〇一三年）。

三つ目は、教室観の転換。勉学を強いられる堅苦しい空間、冷たく空々しい空間に、熱く活気のある声を響かせたかったのです。入りにくい教室ではなく、いつでも入りたくなる「憩いの場」をつくり、ひいては学校の文化そのものを変えようと思ったのです。

疲れて休んでいる仲間の上にわざと覆いかぶさる子ども、頭から毛布にくるまって寝入っている子ども、座敷の端っこでトランプに興じる子ども……みんな思い思いに〝座敷わらし〟になっています。

もう一つ、私は図書室の移動式の壁も取り払おうと提案しました。そして、いくつかの書棚を絨毯《じゅうたん》の敷いてある多目的スペースに運び出し、子どもたちがいつでも自由に閲覧できるようにしました。閉じられた空間をなるべく開く努力をしていきました。

すると一週間ほどで子どもたちの表情が変わっていきました。子どもたちは見る見るうちに生気を回復させていきました。畳と同時に置いたけん玉、トランプ、将棋、UNO、知恵の輪、そして「現代版大人向教養絵本」(「マンガ本」のこと)を使い、どんどん仲間の輪を広げていきました。

さて、それから数日後の授業参観日、畳屋をしているお父さんからこう言われました。

「先生、あの畳っしゃ、何年も修理してねえがら中身腐ってるよ! 臭うべさ!」

私も〈ちょっと臭うな〉とは思っていましたが……それでも子どもたちは気にせず遊ぶのでした。「屋根の上のヴァイオリン弾き」ならぬ、「臭う畳の上の座敷わらしたち」。これがホントの臭い仲!

「日」という字

新年度のはじめに私がよく使うネタがあります。これは若い頃に坂本泰造先生（埼玉県・元小学校教師）から教わったネタです。まず、子どもたちに小さな紙を配り、「日」という字を書いてもらいます。そして、子どもたちが書き終えたのを確認し、こう続けます。

「ではこの『日』という字に棒を一本付け足して、別の漢字が何個できるか、まずは一人で、やってみてください」

子どもたちは一斉に手を動かし始め、一つ、二つ……と見つけていきます。「ん？」「なんだ？」「ああ！」「あったー！」という声が上がり始めます。

「何個見つかった？」

「四つ！」「五つ！」と答える子どもたち。

それに対して、別の子どもたちが「そんなにあった？」「なんで？」と不思議がります。私はこう続けます。

「次は隣の人と静かに相談してみてください」

すると「へぇ～」「なるほど！」という声が聞こえてきます。自分が考えつかなかった漢字が見つかるのです。それでもまだ最高七つくらいです。

そして、最後にこう言います。

「では、班をつくって確認してください」

教室中に「ああ！」「すげえ！」という声が響き渡ります。この時の様子を歌江はこう日記に綴ってきました。

私は最初「田・目・甲・由・申」の五個しかわかりませんでした。そのあと「隣の人と話し合ってください」と言われて、やっと七個わかり、最後に四人で話して八個書くことができました。

そうです。答えは「八個」です。子どもたちは自分では気づかなかった漢字を、相談する相手が増えるにしたがって発見していくことを実感します。「三人寄れば文殊《もんじゅ》の知恵」ということわざを体感していくのです。歌江の日記はこう締めくくられていました。

「話し合うことって大切なんだなあ～」と思いました。

みんなで学ぶというのはこんなに楽しいことなのです。「セパレートコース」をひたすら走る教育ではなく、子どもたちが自由に交わり、右往左往しながら手を取り合って一歩ずつ階段を上る教育の方が、ずっと身につくものです。皆さんもぜひやってみてください（答えは次頁）。

箒の使い方

ひょんなことからある教え子と一緒に講演する機会を頂《いただ》きました。私が三年間担任した絵里子という女の子でした。彼女は歩き始めたばかりの子どもとパートナーを連れて会場にやってきました。ひとしきり思い出話をした後、いよいよ彼女が私の学級づくりについて「生の声」を語り始めました。

「セーノ先生のクラスで覚えていることは、とにかく細かかったところです……」

私は、一瞬〈えっ?〉と思いました。〈何のことだろ?〉と思ったら、彼女はゆっくりと「掃除」の話を始めました。

「先生ってこう見えても意外と細かいんです。特に、掃除の時間はすごく細かく教えられました……」

実は、私は学級が始まると同時に、学級通信を通して、子どもたちに掃除の仕方をかなり丁寧に教えていました。以下は故・家本芳郎先生から学んだものです(『子どもと生きる・教師の一日』高文研、一九八四年。二〇一〇年に新版)。

問題① 机と椅子の寄せ方には、どんな原理がありますか?

問題② 次の掃き方について説明してください。

前ページの答え……目、田、由、甲、申、白、旧、旦

イ・拾い掃き　ロ・止め掃き　ハ・なぎなた掃き　ニ・木目沿い掃き
ホ・壁面平行掃き　ヘ・お墓掃き

さて、皆さんはうまく説明できますか？　机は、学級によって前に運ぶ場合と後ろに運ぶ場合があります。これは、ある「原理」に従うと教室はきれいに保たれます。答えは、「ゴミを掃く方向に棚やロッカーがないこと」というのが正解です。

問題は②です。特に、「ハ」と「ヘ」については細かく説明します。「なぎなた掃き」は別名「弁慶掃き」ともいい、払うように掃くのでゴミが一つ所に集まらないのです。「お墓掃き」というのは、物を動かさずに掃く様が「お墓掃除」に似ているのでこう呼ばれます。いずれも放っておくと子どもたちがよくやる方法で、やったはずなのになぜか教室が汚れているのはこういうことがあるからです。

仏教では〝床を磨けば心が光る〟といわれることを家本先生は紹介しています。教室環境を整えることで子どもたちの生活意欲も増していくのです。単に「しっかりやりなさい」「きちんと取り組んで」と言っても無理です。具体的に教えることが必要です。先人たちの知恵を伝授するのも教師の大事な役目なのです。

和江の掃除

掃除の仕方一つで教室はきれいに保たれる――そんな話をしました。私も含めてよく子どもたちに「しっかりと」とか「きちんと」と言ってしまいますが、これはいい言葉がけではありません。子どもたちの中に「しっかり」とした状態や「きちん」とやる意味がわからなければ、言葉が通じないからです。コミュニケーションの前提となる共通体験がないのですから、子どもたちに具体的な方法をわかりやすく、しかもその結果がどうなるかを教えることが必要なのです。例えば、

「雑巾は一度洗ったら何回使えますか?」

「雑巾は手縫いとミシン縫いのどちらがいいですか? その理由は?」

「バケツの水は何分目まで入れるのが適当ですか?」

などと問いかけます。これはある新聞の「生活欄」に掲載されていたもので、すべて答えるのは難しいでしょう。答えは、①が四回、②が「手縫い」で、③は六分目または七分目（水がはねないように）です。

こういう問題を一個一個解いていくと、子どもたちはがぜんやる気を出してきます。共通体験がなければそれを作り出せばいいのです。実際にやって見せて、「ね! 言った通りでし

よ！」と説明してやればいいのです。

よくバケツの周囲に水がこぼれたり、拭いたはずなのに白くゴミが浮いてくる原因がわかりますね。これも生活の知恵です。それとそのクラスがどんな掃除の仕方をしているかは、教室の隅っこをみればわかります。

そして、こんなエピソードを書き添えます。

九日の掃除の時間のことです。二の一の前の流し場の排水口がつまって困っていたところ、和江さんが進んでゴミを取ってくれました。なかなかできることではありません。中にはちり紙の溶けたようなものもあって大変だったのですが、和江さんはきれいに掃除してくれました。その後、水はスムーズに流れるようになりました。こういう人が縁の下の力持ちになってクラスを支えているんですね！

みんなの視線が和江に向けられます。和江は頬を赤らめながらニコッとして私の方を見ていました。

単に話し言葉で伝えるよりも、文章に綴って読み上げると子どものやる気はますます刺激されるのです。

子どもと詩の世界

この道より
我を生かす道なし
この道を歩く

これは武者小路実篤の「この道より」という有名な詩です。
私の教室には年度はじめにいろいろな詩が掲示されます。子どもたちがすぐに覚えられるものから、かなり長いものまで、子どもたちが日常的に詩と接する教室をつくりたいと思ったからです。実は、これは元小学校教師だった岩辺泰吏先生の実践から学びました(『子どもたちに詩をいっぱい』労働旬報社、一九九六年)。

「この道より」などは子どもも簡単に覚えられますし、何となく生きる勇気が湧いてきます。与謝野晶子の「山の動く日」や茨木のり子の「わたしが一番きれいだったとき」「自分の感受性くらい」は、その制作背景なども説明した上で、ぜひ口ずさんでほしい詩です。

中でも私が受け持った子どもたちが最も集中した詩があります。それは宮澤賢治の「原体剣舞連《はらたいけんばいれん》」でした。これは詩集『春と修羅』に収められている詩で、現在の岩手県奥州市原体地区の子どもたちが踊る「鬼剣舞」を見た賢治が、その心象風景を読み込んだものと言われています。

「dah-dah-dah-dah-sko-dah-dah」という鬼の吠える声で始まるこの詩は、子どもたちを「気圏の戦士」とみなし、「悪路王」と戦う姿を描いています。子どもたちは何とたたかっているのか議論の余地がありますが、賢治はこれを近所の子どもたちによく読んで聞かせていたと言います。

そんな五〇行を超える詩を模造紙に書き、それを子どもたちに暗唱させます。子どもたちは必死で覚えようとします。意味の難解さはあるものの、賢治独特の言い回しと語感、宇宙と交信する世界観に引き込まれていきます。それは中学生の理解を超えるものですが、それでも一週間ほどすると教室中から「こよい異装のげん月の下……」とそらで詠い始める子どもが現れ始めます。「やったあ！」「おーすげえ！」子どもたちはものすごい集中力で詩の暗唱に挑みます。

と同時に、詩が醸《かも》し出す独特の世界を通して子どもたちはつながっていきます。詩のまわりに子どもたちの輪ができるのです。詩を介した学習集団が出来上がっていきます。詩という文化を介在して子どもたちは結びついていきます。学級が創られていくのです。これも「言葉の魔力」です。

第9章　どうすれば「子どもが見える」？

「子どもが見えなくなった」といわれて久しくなりました。高度経済成長期の一九六〇～七〇年代、校内暴力の嵐が吹き荒れた八〇年代、バブルの隆盛と崩壊を経験した九〇年代、いじめ・不登校・自殺の増加が止まらない二〇〇〇年代。子ども時代の苦難は現在も進行中です。どうすれば「子どもが見える」ようになるのでしょうか。子どもと社会の接点である「子どもの生活」をキーワードに読み解きたいと思います。

体育は勉強か

何気ない日記の中に、子どもの姿や世界が映し出されることがあります。次の俊介の日記は、学級にちょっとした波紋を投げかけました。子どもたちの学習観の一端が見られます。

楽な日とつらい日

今日の授業は五教科が全部あったのでつかれた。それにくらべて木曜日は実技教科ばかりだ。なぜこんなに勉強する日と勉強しない日があるんだろうと思った。

私は体育教師なので、この日記を書いた俊介風にいえば、「勉強させていない教師」ということになります。「そんなことはない！」とむきになりそうなところをぐっと抑えて鋭く切り返します。

俊介君に質問します。

①俊介君にとって実技教科は勉強ではないのですか？

②俊介君が「勉強した」と思うのはどういう時ですか？

数日後、俊介は真剣にこう返してきました。

①僕にとって実技教科は五教科と違って友だちと一緒にやったりして、楽しいから勉強するという感じではない。

②僕が「勉強した」と思うときは、わからない所がわかったときです。

こういう日記のやりとりは実に楽しい。子どものふと漏らした本音から出発して、新たな成長を導き出すチャンスだからです。私はこのやりとりを学級に公表し、次のように語りかけました。

勉強というのは本来、みんなで楽しく何かを学ぶことで、その時一人で悩んでいるよりも、二人、三人……大勢で知恵を出し合った方がよりよい案や解決策が見つかるはずです。それから俊介君が言っている事の中でうんと大切な所があります。それは「僕が『勉強した』と思うときは、わからない所がわかったとき」と言っているところです。全くその通りです。わからない所がわからないままならば、それは勉強（学習）が成立していないということです。わからない時はわからないとはっきり口に出して言うことが大切なのです。

わかるということの素晴らしさとともに、「君たちには『わからない授業』に抗議する資格と権利があるのですよ！」というメッセージを送りました。それだけで中学生の心は変わるものです。

ていきます。

焼き芋

「子どもが見えなくなった」という大人が多くなったと思いませんか？　それは子どもへの接近方法に戸惑いが生まれているからです。私は、日記を通して子どもの「見える」化を図っています。

これは四日、月曜日のことである。私たちはいつもの仲間で焼き芋をした。仲間とは恵美隊長を中心とした由美子副隊長、隊員として美紀、和江、そして私である。十二時ちょっと前に由美子の家に行った。しかし、大きな問題があった。イモをどうするか。そこで私は家にイモがあるのを思い出し、一度家に帰り、イモを持ってきたのです。そしてしばらくしてやっと動き出したのです。やった場所は朝日のニュータウンの近くで、周りには何もないところでやりました。

一一月に入ると東北・宮城の地にも冬の足音が聞こえてきます。女の子だけで焼き芋をやるというのも珍しいのですが、彼女らは何の躊躇《ちゅうちょ》もなく焼き芋づくりに突っ走ります。

まず一番最初に始めたのは穴掘り。穴掘り隊としては和江と美紀。ティッシュを濡らしてイモに巻き、アルミホイルでくるむのは恵美隊長と由美子副隊長、そして私。

役割分担はスムーズです。焼き芋のことになるとトラブルはないようです。

苦労しながらやっとイモが焼ける時が来ました。新聞に火をつけて燃やし、何回も枯れた草を入れ、木の代わりにしました。ある程度してからイモを取り出し、隊長に味見をしてもらいました。「味はいいがイモが硬い」ってな感じで何回も何回も取っては味見。ようやくやわらかくて甘いおいしいイモが二つくらい焼けました。

しかし、ここで事件が起きます。

しばらくすると何と消防の人が車でカンカン鳴らしながらこっちに向かってきたのです。隊長は超焦った様子でした。しかし、車が違う方に向かっていった時、「フ〜」とみんな安心したようだった。近くに海があったので、そこからバケツで水を汲《く》み、火にかけ、その上から土をかけました。

子どもの世界が垣間見える日記です。でも休みのたびにこんな日記が出てきたらこちらが「フ〜」です。

苦い焼肉

「子どもが見えない」瞬間は誰にでもあるものです。そんな失敗を一つ。

学校生活の「思い出の王様」と言えば、いつの時代も「修学旅行」。その中で、私にはどうしても忘れられない「苦い思い出」があります。それは今から二〇年も前の話です。

当時、私は班づくりで苦労をしていました。問題を起こしそうな子どもたちを受け持っていたからです。私は、生徒会長の康太に彼らを任せることにしたのです。康太は普段から彼らと円満な関係にあり、「一緒に行動してくれるか?」という私の言葉に、「いいですよ」と快く引き受けてくれました。そして、班別研修の計画を一所懸命練ってくれました。

さて、本番の朝。ホテルから散っていく子どもたちを私たちは笑顔で見送りました。康太も勇んで出かけて行きました。「このまま無事で帰ってきてくれるだろう」と、私は高をくくっていました。

そして、迎えた夕方。どの班も大きなお土産を抱え、満足そうな表情で帰ってきました。

しかし、その中で一人だけ浮かない表情の康太がいました。私は胸騒ぎがしました。夜のミーティングの後、私は康太をロビーに呼んで一日の様子を聞くことにしました。

すると康太は突然、涙を流し始めました。聞くと彼ら「悪ガキ軍団」は、康太が立てた計画を完全に無視し、康太が計画した所をすべて反故《ほご》にした上で、集合時間と場所を決めて勝手に好きな所に散っていったというのです。責任感の強い康太は自分の不甲斐なさを責めました。

私は、自分の失敗を悟りました。子どもが「見えなかった」のです。私はそのまま康太を近くの焼肉屋に連れ出しました。そして、康太にひたすら謝りました。

「康太、本当に申し訳ないことをした。康太に任せ切ってしまった。これは全部先生の責任だ。せっかくの思い出を台無しにしてしまった。康太に責任はない。責めるなら先生を責めてくれ。」

子どもが見えてるつもりが、本当は見えていなかったのです。私たちは人目を憚《はばか》らず涙を流しました。苦くてしょっぱい焼肉の味を今でも思い出します。

くだらないしゃれの話

学期末が近づくと私は子どもたちに「先生の通信簿」を書いてもらいます。教師が子どもを評価するのですから、子どもが教師を評価するのも「あり」です。その学期の私の学級づくりがどうだったのか、正直に綴《つづ》ってもらいます。ここに子どもたちの「見る目」が見えてきます。

前までは先生のことはこんなんだと思っていませんでした。私はこわい先生というイメージが強くて、担任になってすごく嫌だったけど、今は全然そんなイメージはなくなり、楽しい先生というイメージに変わりました。だから私は先生に対してベリーグッドだと思います。（典子）

体育教師のイメージを崩すのはなかなかしんどいですが、こういう評価を見るとやる気が出てきます。同時に、子どもが教師をどのように見ているかがわかります。

はじめ先生を見た時、体育の先生だし、細かい事は嫌いなタイプかなと思ってたけど、班日記とか学級通信とか細かい事が結構多いクラスだなと思った。けど先生がめちゃくちゃ元気がいいので、みんなも明るくて楽しいクラスになったと思う。ついでに何にでも燃えまくる先生だと思った。（裕子）

「あ～良かった。よしよし」と安心する間もなく、少々手厳しいものが目に飛び込んできます。

「班日記」というものは結構いいものです。帰りの会が早く終わるのもいいことです。映画「学校」は感動しました。学活でやった「いじめ」については良かった。参考になった。……体育の時間にホイッスルをやたら回さないように。あとたまに言う「くだらないしゃれ」は嫌です。（千鶴）

まだ私の高等な駄洒落が理解できないのでしょう。これは私の責任ではなく、受け取る子どもの力量の問題ということにしましょう。

女の子はこんなふうに私の言動を取り上げて、面白おかしく評価してくれます。でも男の子は、恥ずかしいのか言葉少なにこんなふうに綴ってきます。

まあ、いいんじゃない。（正光）

私も負けずにコメントを返します。

《君たちもまああだったな。2学期も頑張りたまえ。》

されどあいさつ

あいさつひとつとってみても、子どもの生活観が見えてきます。次の日記は明日香が気づいたことです。

最近、いつも思うんですが、あいさつをきちんとしない人が多くなってきていると思います。なんか少し悲しいですね。最近の世の中は少し変だなと思いました。

どこの学校でも指導される「あいさつ」。大きな声ではきはきと……全国でくまなく指導の手が加えられています。相手とのコミュニケーションの「一丁目一番地」に位置付けられています。これほど「あいさつ」に力を入れる国は他にあるのだろうかとふと疑問に思います。しかし、ことさら「あいさつ」だけを強調するのはどうかと思うのです。断っておきますが、あいさつがいらないのではなく、ことさら力を入れることの是非を問うているのです。

私は、先の日記に悩みつつコメントを入れ始めます。

広辞苑には仏教用語で「禅家（＝禅宗）で、問答を交わして相手の悟りの深浅を試みること」と書いてあります。つまり、相手が物事に対してどれくらい深い考えを抱いているかを試すことが、もともと挨拶の意味なのだ。ちなみに「漢字源」によると「挨」は「そばにくっつく」という意味があり、「拶」も「ぎりぎりに近づく」という意味があります。

これは新しい発見でした。「あいさつ」とはつまり、形ではなく相手の心のうちに入ること、相手のことをよく知るということなのです。ここまで調べると子どもたちに語りかける言葉が見つかってきます。

- - - - - - - - - - - -

「あいさつ」には近づいて、相手の心を読み取るという深い意味があるのです。だから「あいさつ」をしないというのは、相手への無関心を意味するのです。「私はあなたに全く関心がありません!」と体現しているようなものなのです。明日香が「最近の世の中は少し変だな」というのは、人々の無関心を感じ取っている証拠なのです。

単なる躾《しつけ》として言い聞かせるのではなく、あくまでも心のあり様なのだということを知らせたかったのです。

子どもたちのあいさつが復活し始めたのはいうまでもありません。

名前に込められた想い

先生たちにとって授業参観は一つの「関門」です。その理由の一つは、授業を通して子どもとの関係をしっかりと見られるからです。「授業参観がプレッシャー」という先生は結構多いのです。

幸い私にはこの授業参観を乗り越えるための鉄板ネタがいくつかあったので、プレッシャーを感じたことはありませんでした。その鉄板ネタの一つを紹介します。

それは子どもの「名前当てゲーム」です。まず、子どもたちに事前に自分の名前の由来を細かく調べさせます。家族にインタビューして自分の名前の由来を聞き取らせます。そして、自分の名前がバレない程度のヒントを紙に書かせます。同時に、生まれた時のちょっとしたエピソードも添えさせます。そして、それを一枚ずつ披露していき、これは一体誰の名前の由来かを当てさせるのです。これには参観した親たちも夢中になります。

《予定日よりも一か月早く生まれた。大空を大きく羽ばたいてほしい。》

《体重は四千グラム以上ありましたが、ちょー安産でした。とても天気が良く晴れた日に生まれました。太陽の光が暖かい日でした。》

《明け方早く生まれた。その病院ではその日だけで六人の赤ちゃんが生まれた。人に頼らず

自分の人生を切り開いていくように……。》

子どもの名前は順に「雄飛」「陽子」「拓郎」です。親たちの願いが伝わってきます。そして、次のようなものも出てきます。

《生まれて十二日目に退院。その帰りに入院中のおっぴさんの所に寄った。おっぴさんはすごく喜んでくれたが、その晩に亡くなってしまった。それが最初で最後の面会。いつも明るく光輝いてほしい。自分だけでなく周囲が明るくなるような存在になってほしい。》

「おっぴさん」とはひいおばあさんのことです。生まれ出た〈いのち〉と逝《い》ってしまった〈いのち〉。まさしく生まれ変わりの物語が展開されたのです。そして、付けられた名前が「晃子」。名前一つにも凄いドラマがあるものです。この子どもがどんな思いで育てられたのか――その背景が見えてきます。

書けない日記

三月。卒業生を送り出すといよいよ在校生たちもそわそわし始めます。特に、二年生は翌月には最上級生になります。その前に子どもたちは思い思いに一年を振り返ります。

この日記を書くときに一つ思いました。「もしかして日記を書くのは最後かも……」班は七人。残り日数は五日だからもう日記は回ってこないと思います。

弘和は修了式の日から逆算して、もう自分に日記が回ってこないことを悟ります。みんなで綴ってきた日記にもひと区切りの日が近づきます。

たった一人の男子剣道部員だった弘和。相手はいつも女子。気の優しい弘和は、本気で打ち込むことができませんでした。そんな彼を励まそうと野球部の正樹が私にこう提案してきました。

「先生、今度の大会に弘和を誘ってもいいですか?」

小学校まで一緒に野球をやっていた弘和。それを知っている野球部員たちが地域の小さな大会に弘和を選手として参加させたいと申し出てきたのです。私はすぐに「いいよ」と答えました。

いよいよ大会本番。いつもの袴《はかま》姿からユニフォームに着替えた弘和。多少体は重くなっていましたが、無難に外野フライをさばき、颯爽《さっそう》とベンチへ引き上げてきます。

「ナイスプレイ！」

今度は久々にバッターボックスに立ちます。次の瞬間、なんとレフト線へ痛烈なヒット！

これは長打コース！　しかし、ウェイトオーバーの弘和は二塁であえなくタッチアウト！

「普通は余裕でツーベースだぞ！」

ベンチの内外から大きな笑いがおきました。

そんな弘和の最後の日記には、こう綴られていました。


この1年なんか早かったなあ。今、日記を書いているのに、なんか懐かしい気がします。いっぱい書きたいことがあるけどうまく書けません。これって「最後」っていうさびしさからきてるんですかね。なんか不思議です。

「いっぱい書きたいことがある」と思わせる一年だったのでしょう。人は本当に悲しい時や寂しい時は言葉を失うものです。「書けない」日記の中にこの一年の思い出がにじみます。弘和の過ごした一年が見えてきます。

第10章　「対話の水路」を拓く

「教師が言葉を編む」というのは、子どもや親との「対話の水路」を拓くことにほかなりません。言葉というのはそれ自身では生きられないものです。綴《つづ》る・書く・話す人がいて、それを見る・読む・聞く人がいて、ようやくその価値が現出します。問題は、この両者の関係――言葉のピッチャーとキャッチャーの関係をどう切り結ぶかです。教師の仕事の多くはここに注力されます。そして、それは親たちにも向けられます。

勇気のスマッシュ

今日、部活をしていて思ったことがありました。二年生は六人いるのに五人しかいなかった。休んだのは洋介だった。洋介はほとんど練習に来ないので、パートナーの雄平はいつも一人だ。今日も試合をした時、ぼーっと僕たちの試合を見ていた。

テニスのダブルスのパートナーがいない雄平のことが気になった卓郎。他のパートナーは確実に仲間がいるのに、雄平はいつも独りぼっち。他の仲間が協力して何とか練習に参加させていましたが、本番に向けて肝心の「本命」がいつも欠席状態で、本来ならば文句の一つも出そうな場面です。

しかし、卓郎はそれよりも休まずに練習に参加している雄平に思いを馳《は》せたのです。

雄平はいつも部活に来ているのに、洋介は来ない。テニスは二人でやるものだから、雄平がいくら頑張っても意味がない。僕はそれでも部活を頑張っている雄平はすごいと思った。

息を合わせ、強い絆《きずな》を培いつつ、戦術を練り上げなければならないのに、パートナー不在ではどうにもなりません。

しかし、私はこの日記に少し引っかかりがありました。そして、卓郎と「対話の水路」を拓くためにこう返事を書きました。

もくもくと頑張っている雄平の姿がいじらしい。そんな姿に目を向けた君の日記はいい所に目をつけている。しかし、ちょっと待て……部活に来ない友だちに何も言わずに、もくもくと取り組むことがベストなのか？　先生はそうは思わない。雄平のためにはなるかもしれないが、洋介のためにはならない。本当の友だちならば、きちんとした場所・タイミングで、洋介に自分の意見を伝えなければいけないと思う。卓郎はどう思う？

教師が指導を入れるのは簡単ですが、子どもの中に自治の力を育て真の主体性を発揮させる時は、私は一種の〈勇気〉を子どもたちに求めます。それは子ども自身が「自由」を獲得することにつながるからです。

その後、卓郎は洋介にきちんと話をしたようです。卓郎は〈勇気〉のスマッシュを仲間に決めたのでした。

「あてにしてるで」

「あてにしてるで」

これは、故・秋葉英則先生（当時、大阪教育大学）から教わった言葉です。「期待してるぞ」という意味です。秋葉先生曰《いわ》く、「どんな荒れた子どもでもこの言葉を投げかけると、大概はこちらの期待に応えたくなるものです……」。家本芳郎先生はこれを「殺し文句」と言いました。

それ以来、私は事あるごとに子どもたちにこの「殺し文句」を投げかけるようにしてきました。案の定、子どもたちは予想以上に力を発揮しました。

「さすが！」

これは、私の同僚がよく使っていた言葉です。あらかじめ「これはやってくれるだろう」との期待に応えてくれたことを褒めているのです。最後にこう言われると子どもは、「やってよかった！　またやろう！」と思うのです。

これらの言葉には共通点があります。それは「させてみる」＋「褒める」という点ですが、しかし「あてにしてるで」という言葉を、簡単な活動をやらせた上で発するとウソ臭くなります。ですから「させてみる」には、①ある程度の困難さを伴うもの、②根気ややる気の必要なもの、③事後に充実感が残るもの、④みんなのためになるもの、⑤仲間を引き込んでやれるものなどを考える必要があるのです。

「そうは言っても子どもはうまく動かない……」

それは当然考えられることです。いきなり「やってみろ」というのは、両者合わせてドタバタ喜劇みたいな滑稽な光景になってしまうのです。ですから「何を、どこまで、どのようにやるのか」を具体的に明示して、できれば「やってみせる」のです。

「あてにしてるで」という言葉を投げかけられた子どもは、必死でその期待に応えようとするはずです。大人や教師にそっと言われる「あてにしてるで」は、子どもの心に火をつけます。もしそれに応えようとしなければ、それは要求レベルが子どもに合っていないか、全く興味関心を引いていないということなのです。

世の中全体の「褒める」技術は、格段に進歩したと思います。問題は、褒める材料をしっかりと子どもに与えられるかどうかです。「あてにしてるで」「さすが！」……対話と心の水路が生まれる言葉です。

対話の水路

教師の失敗で、最も多いのは、子どもを無理やり自分の世界に引きずり込もうとすることです。何よりもこの私がそうでした。今思えば結果は悲惨なものばかりで、特に発達上の困難さを抱える子どもとは丁々発止のやりとりになっていました。

その中でも最も多いのは、一方的な「説教」です。子どもの言動が明らかに間違っている時、教師は自信をもって説き伏せようとします。うまく納得させられればいいのですが、時には「納得なき合意」で後に禍根を残します。

細かい注意を機関銃のように撃つのも失敗のもとです。「いちいちうるさい」と言われるのが落ちです。約束事を守らせることが学級づくりの基本だと思っている教師もたくさんいます。今風にいえば「ウザい教師」と言われかねません。

さて、思春期の子ども、とりわけ発達上の課題を抱えた子どもとどう向き合えばいいのでしょうか。例えば、興奮して「将来なんて考えられない！」と言われたら、皆さんはどう答えますか？「そんなこと言わないで考えてみよう」と提案しますか？「何も考えていないんだね」とすぐに説教しますか？

これらはいずれも落ち着いて話を聞いてくれません。こういう時、私は「そういう慎重さも大切だよなあ」と答えます。すると子どもは怒りのもって行き場がなくなります。そして、ゆっくりと「対話の水路」が拓けてきます。これは私の教師生活の最終盤で行き着いた方法です。同様に、「あいつ殴ってやる！」と言われたらどうしますか？　「相手の気持ちや立場も考えてみろ！」「暴力を振るったら君の負けだ！」ですか？　「そんなに腹を立てているのに、ここまで我慢してきた君はすごい！」と応じたら子どもはすぐに落ち着きます。「学校なんて意味がない！」には、「物事に疑問を感じる感性がいいなあ」と応じます。ここでもまずは「対話の水路」づくりをします。

しかし、咄嗟《とっさ》にこのような言葉は出てきません。ちょっとした訓練が必要です。その上で「ところでさあ……」と言って徐々に話を始めます。ここから本当の対話が始まります。

夜明け前

中学生にとって最後の関門……高校受験。ものの見方が広がるはずのこの時期に、最も視野が狭くなるのですから、たまったものではありません。

しかし、逆にこの大変な時期を、最強の絆《きずな》で乗り越えさせたいとも思うのです。

ある年、私は「進路について考える」講演会を企画しました。講師は宮城県内の中学校に勤めていた森達《もりとおる》先生にお願いしました。森先生の中学生を見る目の確かさと、説得力のある語りは、子どもや親たちの心を動かすと確信していたからです。

先生はまず一五メートルほどの細長い紙を、ステージの前に横に貼り出します。その紙には、横に一本の線が書かれてあり、それをはさんで上下に二種類の数字が描かれています。上段には〇から二四、下段には〇から八〇。途中に一五や一二の数字が見えます。子どもたちにも親たちにもその意味はわかりません。

これまでの受験前の取り組みや心構えなど、ひとしきり話が終わり、いよいよこの線の意味について語ります。親たちも興味津々です。ステージ下に降りてきた森先生は、子どもたちにこの線の意味を問います。少しざわついた後、一人の男子生徒が、

「〇から二四は一日の時間では……」

と発言します。また会場がざわつきます。

「その通りです。では〇から八〇は？」

親たちが反応します。

「もしかして〇歳から八〇歳？」

そうです。これは上段が一日の時間を、下段が人生の時間を表していたのです。森先生は静かに語りかけます。

「君たちはまだ一五歳。ということは、人生八〇年としても、まだ五分の一も生きていない。これを一日の時間に置き換えると、君たちは午前四時から五時の間に生きていることになる……」

会場はし～んとなります。

「君たちはまだ人生の中の夜明け前です。まだ薄暗がりの中なのです。これから少しずつ太陽が昇っていく、その直前です。まだまだ希望があるのです……」

未来への希望のメッセージに、私たちも親たちも、そして子どもたちも心が熱くなるのでした。夜明け前の子どもの希望を失わせるような受験体制は、やはり問題なのです。

名演技

私は、毎朝、学校に着くなり、校庭の草取りをします。そこで子どもたちを迎えていました。何気なく草を取りながら子どもたちを観察します。

するといろんなことが見えてきます。大きな声で元気よく挨拶する子ども、蚊の鳴くような声しか出せない子ども、前の日は元気だったのに翌日は無視を決め込む子どももいます。そんな時はちょっと悲しくなります。

ある時、私は同僚の通称・テリー先生と朝会で「良い子・悪い子・普通の子」の「挨拶」バージョンを演じました。私が校庭でいつものように草取りをしているところを、子どもが通り過ぎるという設定です。テリー先生が生徒役でまずは、「普通の子」。

教師「おはよう」　生徒「おはようございます」

これは何の面白味もないのですが、子どもたちはクスクスと笑い始めます。次は、「良い子」。

教師「おはよう」　生徒「おはようございます！　今日も頑張ってますね！」

こんな会話が交わされると、気持ちがいいものです。子どもたちの笑い声も大きくなります。

そして最後は、「悪い子」。

教師「おはよう」　生徒「……（完全無視）」

教師「（再び）おはよう」　生徒「うるせえんだよ！　朝から！」

そう言って私と子ども役のテリー先生がもみ合いを始めます。子どもたちも大きな声で笑っています。

この時点で子どもたちはもうみんな気づいています。私たちが何を言いたいのか、を。「躾《しつ》ける」のではなく、「気づかせる」のです。その方がよほど説教臭くなく、真意を汲《く》み取ってくれます。目くじらを立てなくても子どもはちゃんと気づくのです。

最近の子どもはよく挨拶ができないといわれます。そうではなく挨拶をする「きっかけ」を摑《つか》む力が弱いのです。「きっかけをつくる力＝仕掛ける力」なのです。だから教師が積極的に「仕掛け役」になることが大切なのです。

それにしてもテリー先生とは、ほんのわずかな打ち合わせで即興劇を何度かやりました。こんな先生も最近はめっきり少なくなりました。子どもたちも先生たちも喜ぶんですけどね。大切なものを面白く伝えたいものです。

じっちゃんの鍋

「先生、今度俺の結婚式に出てくれませんか？」

卓郎は、ある日、私にこう伝えてきました。もちろん二つ返事で了承しました。

卓郎とは、切っても切れない縁でつながっています。それは私も彼も大の釣り好きだということから始まりました。卓郎は、自分の釣果《ちょうか》を釣り雑誌に投稿し、それが採用されるほどの釣りマニアでした。一メートルにもなるアナゴを釣り、周囲を驚かせたこともありました。当時は、「プロの釣り師になりたい」と言うほどでした。

「先生、俺のじっちゃん、船を持ってるんだけど、一緒に釣りに行きませんか？」

船釣りの好きな私は、すぐにじっちゃんたちと出かけることになりました。石巻の雄勝《おがつ》から出た船は、秋風と水面を切って進みました。穏やかな波の中、私たちは静かに釣り糸を垂らしました。

ぽつぽつと魚が釣れる中、じっちゃんはおもむろに七輪を取り出し、その上に鍋をかけました。そして、持ってきた具材を入れ、お汁を作り始めました。女川の沖にある出島《いずしま》が遠くに見えていました。養殖用のカキ棚も静かに揺れています。水はどこまでも透き通っていました。

「先生、飯にすっぺ」

卓郎のお母さんが握ったおにぎりまで出てきました。心地よい秋風と波の揺れの中、私たちはそれを頬張《ほおば》りました。

「船の上で鍋物食べるのは初めてです！」

そういうとじっちゃんは満足そうに笑いました。

釣果はさほどよくありませんでしたが、私には忘れられない思い出となりました。じっちゃんと孫と、そして担任の私。今はもう遠くなってしまった思い出の一つです。

そして、いよいよ卓郎の結婚式です。私は、お祝いの言葉の中で、この思い出話を語りました。おばあさんもじっと話を聞いていました。お母さんも涙を拭《ぬぐ》っています。残念ながら孫の晴れ姿は見られなかったけれど、じっちゃんの大好きな孫の卓郎はこんなに立派に巣立とうとしていますよ！　そして、その隣には素敵な、素敵なパートナーがいますよ！

We defend

ある日、教え子の直紀の結婚式に呼ばれました。祝辞を頼まれていたので、当時のアルバムを眺めていました。

すると一枚のポスターの写真が目に留まりました。大きな砂時計の下のガラスの中に男の子がいて、上から砂が落ちてくるのを押さえています。その砂の中には戦車や戦闘機、銃器が混じっていました。絵の隣には〝We defend〟と書いてあります。「私たちは戦争や争いから守ります」という意味なのでしょう。

そして、アルバムの後ろの方に直紀の卒業に際しての作文が載っていました。そこにはこのポスターの由来が書いてありました。文化祭の展示に向けて直紀はほぼ一人でこの作品を仕上げたのです。

「先生のところに原案を持って行ったら『もうちょっと考えてみたら』と言われ、それから二週間悩みました」

それを読んだ私は「はっ！」としました。忙しさにかまけて、ろくなアドバイスもしなかった私。校舎内を駆けずり回っているその合間に、無責任にも彼のアイデアを突き返したのです。

そして、直紀は悩みに悩んでこの図案を出してきたのです。卒業から一二年！　私の中に猛烈な後悔と恥ずかしさがこみ上げてきました。

そんな私を結婚式に呼んでくれた直紀に最高の言葉を届けたい――本気でそう思いました。

そして、再度ページをめくってあのポスターの写真を眺めました。「よし！　これだ！」と思い立ち、当日、式場の担当者にお願いし、直紀の作ったポスターをプロジェクターで大写しにしてもらいました。そして、次のようなメッセージを彼らに贈りました。

「この下の男の子のさらに下を見てください。ここに座って泣いている女の子がいます。この男の子はこの女の子を必死で守っているのです。そうです。今、考えるとこれは今日の新婦だったのです。彼は既に一二年前にこのことを予感していたのです！」

祝辞の後、直紀のお父さんが私の所にやってきました。

「忙しくてろくな子育てはできませんでしたが、今日先生の話を聞いて涙が止まりませんでした……」

第11章　子どもにしか綴れないこと

子どもには子どもにしか綴《つづ》れない日記があります。それは「子ども時代を綴る」ことです。特に、中学生は「子ども時代」から「大人の時代」へ移行するその直前くらいに位置しています。「子ども時代」を綴れる最後のチャンスと言ってもいいかもしれません。この「子ども時代」の終わりをたっぷりと味わわせ、「子ども時代」を生き切った体験を積ませて、次の世界へ送りたいものです。そんな子どもの世界を覗《のぞ》いてみましょう。

にんにくとしょうが

私が日記を続けた第一の理由は、「子どもの生活が知りたかった」からです。それは子どもを深く理解するために必要だからです。子どもの言動の背景にあるもの、子どものものの見方や考え方の土台にあるものを知りたいと思ったからです。何気ない子どもの生活を知ることで、私たちの指導が変わる可能性があるのです。

その中でも子ども時代が存分に綴られている日記は、なぜかわくわくするものです。

今日、家に帰ってきたら、お母さんに、

「にんにく買ってきて」

と言われた。そして、ぼくは生協に買い物に行った。が、ぼくは「にんにく」の正体を忘れていた。そしてぼくが買って帰ったものは「しょうが」だった。

母「こいづはしょうがだ」

次に「にんにく」の絵を描いてもらって、また買い物に行った。


これは祐太の日記です。子ども時代にはよくある光景です。私も幼い頃、「こんにゃく」を頼まれて「油揚げ」を買っていったことがあるので、この気持ちがよくわかります。お母さんに「こいづはしょうがだ」と言われた時の悲哀が伝わってきますが、それ以上にここでの親子の姿が私の祐太の見方を変えてくれます。

　お母さんに「にんにく」の買い物を頼まれ、それに素直に応じる祐太。間違って「しょうが」を買っていった祐太に、わざわざ「にんにく」の絵を描いて渡したお母さん。その絵を片手にまた買い物に行く祐太。その後の記述はありませんが、親子でどんな会話を交わしたか、何となく想像がつきますし、思わず微笑んでしまいます。

　教師の仕事の大半は「想像」と「創造」です。子どもの生活背景を豊かに「想像」し、そこから新たな教育の営みを「創造」します。それは愛情豊かに育った子どもにも、親の温かみを知らずに育った子どもに対しても同じです。「子ども理解」の深さが実践の深さにつながるのです。

　教師が実践を少しでも前に進めようと思ったら、まずは子どもを深いところで理解することです。日記を綴らせる大事な意味はここにあります。

篤弘と正人の「たたかい」

私の学級の篤弘と隣の学級の正人が、殴り合いの大喧嘩をしました。止めに入った女性教師が「怖かった」というほど激しいもので、かなり本気でやり合ったようです。顔を紅潮させて職員室に帰ってきたその先生は、興奮気味にその詳細を教えてくれました。

まず、篤弘と正人は仲間数人と仲良く「こおり鬼」をしていました。そのうちルールを破ってすぐに「生き返る」篤弘に、正人が腹を立て、「ずるい！　だからお前は嫌われるんだ」と言ってしまった。それを聞いた篤弘も「うるせえ！　坊主！」（正人の家はお寺）とやり返し、正人も「なんだと！　この五円！」（篤弘の頭には小さなハゲがあった）と言い返してしまいました。

私は二人と相談室で話をすることにしました。そして、ひと通り事情を聞き、次のように締めくくりました。

「正人は正義感が強すぎたんだな。自分の考えに信念をもって行動した結果、遊びの世界を飛び出して思わず篤弘の気にしていることを叫んでしまったんだなあ。でも手を上げるのはよくないなあ」

「篤弘は篤弘でみんなともっと楽しく遊びたい一心でルールを破ってしまったんだな。でもルールを破ると楽しいものも楽しくなくなるんだなあ。わかる？」

篤弘の目からは大粒の涙が……。

〈ああ、これも青春の涙か……〉

思わずこちらも涙が浮かんできました。

一方、正人はと言えば……何とまだ憮然《ぶぜん》としています。よほど腹に据えかねたらしく、篤弘の涙を目の当たりにしながらも口を尖らせて「俺は悪くない」という表情をしています。

〈ああ、俺の若い頃にそっくりだなあ。引っ込みつかねぇんだよなあ〉

しばらく話した後、一応和解（？）させ、その日は妙に疲れて帰宅しました。

そんな正人はあの東日本大震災で住職として多くの被災者を看取り、一方の篤弘は東京に働きに出て、女手一つで育ててくれたお母さんに家をプレゼントしました。人間はちゃんと育つようになっているんですね！

手伝いを頼まれる話

今日もまた帰るのが遅かった。たしか七時二十分か三十分ころだった。もちろん辺りは真っ暗。職員室にいた先生たちも十人を割っていた。

その日の宏平はとても疲れていました。なるべく早く家に帰って休みたかったのですが、それを生徒会の大貫先生に阻まれました。

こうなった理由は、今度の木曜日にある生徒総会の準備のためだった。本当ならば六時三十分ころに帰れたはずだった。なぜかというと、ひと仕事終わり、生徒会室と調理室の鍵を返す人を決める時、運悪く自分になってしまい、職員室に行ったら、篤志君と大貫先生がいた。篤志君は生徒会長のあいさつを書いていた。と思っていたら大貫先生が、「先生たちの分だけ製本するから残ってくれない?」と言った。

総会は生徒会の行事の中でもメインイベントです。宏平は生徒会の副会長。役員ともなると、総会前は大忙しなのです。さらに先生たちも人手がほしい時に、子どもが近くにいるとついつい頼んでしまうのです。

ことわりたいがことわれない。プール掃除の疲れもあるし、腹へっていたし、おまけに眠かった。この悪い条件が重なっていたとしてもことわれない。とまあ、こういうわけで七時三十分までかかった。

ただし、この場合、大貫先生は何も闇雲に宏平に頼んだわけではありません。宏平がどんな子どもかをよく知っていて頼んだのです。責任感の強い宏平は先生たちから信頼を得ていました。

そんな宏平と大貫先生のやりとりを聞いていた他の教師たちがすぐに対応します。宏平の日記はこう締めくくられていました。

阿部先生がチョコレートを、高橋先生からはクッキーをもらったのはうれしかった。

そばにいた先生たちが、生徒の代表として陰ながら努力している宏平に、内緒でそっとチョコレートとクッキーを渡したのです。その様子から「疲れているだろうな」と察したのです。こんな連係プレーのできる職員室、子どもの心を察することができる職員集団はいいものです。「ああ、やっと終わった〜」。生徒総会は無事終わりました。そこには充実感あふれる宏平の笑顔がありました。

新しい世界へ①～燃える正人

一年を通じて、学級が最も燃えるのが合唱コンクール。一学期中に選曲し、パートリーダーを決めて動き出します。

その年の正人は燃えていました。合唱コンクールの伴奏者に自ら立候補したのです。前の年も伴奏者でしたが、結果は「銀賞」。その日から正人の心に火がつきました。

「新しい世界へ」これがこの年の曲目でした。都会を飛び出しみんなで新しい島へ、国へ、世界へ行こうという軽快な曲です。途中、手拍子やアカペラがあり、サビの部分で四部合唱になる曲です。そして、伴奏。燃える正人は夏休み中に暗譜し、完璧に仕上げて二学期を迎えていました。

ところが正人の意気込みとみんなの歌は簡単には合いません。正人の思いが先行していたのです。

9月28日　歌
今日から歌の朝練が始まった。まだみんなふざけながらやっていた。男子がまだ音取りができていないので頑張ります。
9月29日　朝練

朝練だ。男子だけで練習すればなかなかのものです。でも女子と合わせるとボロボロで、三原の歌しか聞こえない。男子は二部に分かれるが、バスがテノール側（三原側）につられてしまう。三原は声が大きすぎる。それにちゃんと音が分かっていない。

9月30日　ちゃんとやれよ！

今日も三原は怒っている。なぜなら三原は頑張っているのにみんなが声を出さないし、いつもしゃべっていたから三原は怒りながら歌っていた。

でも帰りになるとみんな声が出ていて、三原もとばしていた。うまくなったと思うが、男子の二部に分かれるところがはっきりしない。セーノ先生は「手拍子でごまかす」と言っていたが無理だろう。伴奏がないところもあるのでちょっとねえ。


男子にも少しずつエンジンがかかりはじめ、合唱コンクールまで残すところあと五日となりました。歌の出来はまだ半分といったところ。ところが、ここで予想もしない大問題が発生します。わが二年一組はこの後、とんでもない窮地に追い込まれることになります。

新しい世界へ②〜大ピンチ！

燃える正人を中心に、合唱練習は徐々にヒートアップしていきました。声も少しずつ出始め、順調に練習も進み、合唱コンクールまで残り二日となったところで、事件が起こります。伴奏者の正人が最も敬愛していた祖母が、突然亡くなったのです。孫の将来を楽しみにしていた祖母の死は、正人に計り知れない悲しみをもたらしました。

「もしかしてこれはいけるかも……」とみんなが思い始めました。

それでも正人は、その翌日の朝練に顔を出し、「本番には何とか来るから……」と言い残して学校を後にしました。

そして、リハーサルなしで迎えた本番の朝。ここまで歌が合うことは一度もありませんでした。朝、教室に足を踏み入れた瞬間、思わず〈なんだ？ この歌は！〉出ない、合わない、揃わない。おまけに暗い！ もう完全に諦めていた。

「おい、もうやめ！ すぐに朝の会をやるぞ。これじゃいくらやってもダメ。練習はやめるぞ」

ああ、先生ももう諦めたか……という顔をしてこちらを眺める子どもたち。全員を座らせて、朝の挨拶も早々に私は話を始めました。

「正人がいないのはみんなにとっても、先生にとってもショックだ。今までやってきたことが無駄になるのか……とも思った。でも正人は本番に間に合うように来ると言っていた。その時、君たちはどんな歌声で正人を迎えるつもりだ？　今回、誰よりも努力したのは正人だ。それはみんなも知ってるはずだ。それに今、一番大変なのは正人じゃないか？　……正人にもっと悲しい思いをさせるのか？」

私は語気を強めていきました。歌以前の問題なのだ。最も大変な仲間のことをよそに、自分たちが勝手に落ち込んで、何をしようというのか。仲間ってそんなもんか？　団結とか、協力とか言っておきながら、君たちの力はこんなもんなのか？――そんな思いが語気を強めました。

正人の不在は予想以上のダメージを与えていました。空中分解寸前の私の学級。最悪の状態のまま私たちは体育館へ向かいました。

新しい世界へ③～扉を開く

本番直前で伴奏者を失った私たちは空中分解寸前でした。歌声が一度も合わないまま、子どもたちは体育館に足を踏み入れました。最悪の場合は、アカペラでやることを念頭に置いていました。

いよいよ合唱コンクールが始まりました。一年生が終わり、二年一組の出番です。

その時、会場の入口からなんと正人が入ってきました。仏事の合間をぬって駆けつけてくれたのです。それを見つけたみんなの顔が一瞬で変わりました。手を握り合っている女の子。中には泣き出す子どもも。男の子は正人の肩を叩いています。崖っぷちで全てのピースがはまりました。

いよいよタクトに合わせてピアノが始まりました。そのタッチに狂いはありません。仏事の合間に練習していたのでしょう。息をのむ緊張感の中、いよいよ始まりました。最初の発声。素晴らしい歌声が響き始めました。今までにない声量とハーモニーに私の心が震えました。一度もうまくいったことのない合唱。正人のおばあさんの突然の死。伴奏者がいない暗い練習。

結果は、金賞でした。次のひとみの日記には、この日の心の動きが綴られてきました。

金賞
朝、皆が練習していた時、先生に「やめなさい」と言われた時は、腹が立って歌う気がしなくなった。とても嫌な気持ちだったけど、先生の言っていることは正しいと思ったから何も言えなかった。その後、正人君についての先生の話を聞いてから気の持ちようが変わった。「絶対がんばろう」と強く思った。みんな同じく思ったと思います。本番は一生懸命やりました。皆の気持ちが一つになってがんばったらこういう結果が出せた。大人になってからはなかなか味わえない気持ちを実感できたので本当に良かった。

正人は金賞の報を聞き、すぐに家に戻りました。「君のためにがんばった」なんて口に出せる子どもはいません。でも私にはそんな気持ちが痛いほど伝わってきました。「新しい世界」は、その扉を開こうとする者にしかやってこないものなのです。

「この歌を唄いたい」

一年間の行事の中で、子どもたちが最も力を入れる合唱コンクール。「どの学級よりもいい歌声を響かせたい」と必死で練習をします。「ずんこちゃんの交通事故」（第2章第六話）で登場した秀美もそんな一人です。しかし、奇妙なことに彼女たちは「金賞は獲らなくていい」と言うのでした。経緯はこうです。

夏休みに入る前、彼女を含む数人の女の子が、鼻息を荒くして私のところにやってきました。「先生、私たち合唱コンクールでこの歌を唄いたいんですけど……」

その手には一本のビデオが握られていました。題名は「天使にラブソングを…」。ウーピー・ゴールドバーグ演じる教師が合唱を通して、無気力な子どもたちを立ち直らせるという物語です。

秀美たちはその映画に出てくる〝Hail Holy Queen〟という曲を唄いたいと言ってきたのです。映画向けにアレンジされたゴスペルで、アカペラあり、手拍子あり、ソロあり、リズム変化ありの難曲です。しかも全て英語でした。私の頭の中には「無理」という言葉がエンドレステープのように流れました。

私はすぐに音楽の林先生に相談しました。すると先生は、楽譜を用意してくれると約束した上で、こう言いました。

「でもこの曲だと金賞は無理ですよ」

コンクールのルール上、個人の力に負う曲、つまりソロの入る曲は認められていなかったのです。私はそのことも彼女たちに伝えました。

しかし、それでも彼女たちは唄いたいと言うのです。「金賞を放棄してでも歌いたい」——これは前代未聞でした。

かくして彼女たちの猛練習が始まりました。「金賞」ではない別の価値観が彼女たちを突き動かしていました。

「会場全体を感動の渦に巻き込みたい！」

この目標のもとに男子も結集しました。英語の歌詞を覚え、歌に合わせた振付にも挑戦しました。ソロもばっちり入りました。

そして、迎えた当日。彼女たちが歌い終えると会場は万雷の拍手に包まれました。指揮者の泰助は振り向きざまにガッツポーズ。新しい価値に挑戦した子どもたちが大きく見えたのでした。

第12章　親の生活を知る、地域を知る

「親が敵に見えてしまう……」。ある若い教師のこの言葉に愕然《がくぜん》としたことがあります。始業式の日からクレームの電話が入り、授業が始まるとその進度について問い合わせが入るというのです。これでは信頼関係は築けません。このような不信感を振り払うためには、まず親の生活を知り、地域の生活を知ることが必要です。教師としての多彩でしなやかなボディが求められます。教師仕様の特別モデルといえるかもしれません。

教育は夜つくられる

「歴史は夜つくられる」――これは教育の世界にもあてはまります。

わが家にはよく卒業した教え子たちが訪れます。中学を卒業した後の学生生活や仕事の話、恋の話、結婚の報告などをしていきます。髭《ひげ》を生やしたイカツイ者から、名前を名乗られるまでわからないほど綺麗になった女の子まで多彩です。そして、そのたびに日記や学級通信を取り出し、思い出話に花を咲かせます。

親たちも同様でした。やれ歓迎会だの、新年会だの、何かと理由をつけて集まりました。中でも部活関係の親たちは本当によく集まりました。多い時には親子合わせて四〇人ほど集まったこともありました。参加者には、一品ずつ持ち寄りをお願いしたり、バーベキューコンロを持参してもらったこともありました。

そこでふと漏れる親たちの本音に、私のアンテナは素早く反応します。生活の問題や子育ての悩みなど本音も様々です。打ち解けた雰囲気の中で、親たちが抱えている悩みや願いを大切な言葉として聴き取らなければならないと思ってきました。

そんな関係を築く中で、私も遠慮なく学校や学級の問題、部活の悩み、行事づくりの相談などをしました。

「それならもっと早く言ってくれればいいのに……」

「俺たちが何とかするから……」

私はそれで何度助けられたことか。今となっては感謝の言葉も見つかりません。

「水は魚《うお》のエレメント」――魚は水がなければ生きていけません。同様に、学校が成り立つのは、家庭や地域という強力な土台があってのことです。家庭や地域の生活がガタガタになれば、子どもも学校も荒《すさ》んでいくのです。ですから教師は親やその地域・土地のことをよく知らなければならないのです。地域の祭りにも顔を出し、その空気を肌で感じることが必要なのです。

先日、長野県のある若い男性教師が、「前任校の保護者から地域のイベントによく誘われます」と話していました。転任した後も忘れられることなく、声をかけられるなんて、素敵な先生ではありませんか！　これこそ日本の教育遺産なのです。世の先生たちよ！　思い切って親たちに語りかけよう！　そして、おおいに地域の空気を吸おう！

早朝のベランダ

朝は五時半、帰りは八時とほとんどコミュニケーションのとれない親子ですが、私の方はやっとこの時間帯になれて来つつあります。

真奈美は、クラスでもおとなしい子ども。決してでしゃばらず、クラスを下から支えるしっかり者のお母さんのような存在でした。落ち着いた雰囲気で、幼い男子たちをいさめます。そんな真奈美の性格が、お母さんの日記を読むとよくわかります。お母さんは女手一つでお姉さんと真奈美を育てていました。朝は水産加工場で働き、午後はスーパーのパートをしています。掛け持ちなので夜も遅くなるのです。

毎日毎日、子供にはがまんの生活です。私がとてもすくわれているのは、どんなに朝早い仕事でもアパートのベランダから毎日「いってらっしゃい」の手を振ってくれる真奈美がいるからです。子育てノートとなっていますが、反対に私の方が助けてもらっています。女ばかりの家ですが、にぎやかな子供たちに囲まれて「明日もがんばろう」と思う今日この頃です。

この日も遅く帰ってからこのノートを書いてくれたのです。頭が下がります。私の返事にも力が入ります。

仕事から帰ってきて、疲れた体で書いてくれたのでしょう。それだけでも娘に対する思いが伝わってくるのですが、内容も心打つものがあります。朝の五時半と言えば、他の子どもたちはみんな寝ている頃です。真奈美さんはきちんと見送っています。お母さんの後ろ姿を見ながら〝今日もがんばってね〟と訴えかけているようで、何か清々《すがすが》しいというか、神々《こうごう》しい感じがします。生活は家族みんなで創るもの。支え合いが次の日の、そのまた次の日のエネルギーを生んでくれるのです。

これを紹介した時、和政は小さな声で「すげえ……」と呟《つぶや》きました。静まり返ったクラスに小さな光が差し込んだ、そんな温かい空気に包まれました。

「真奈美、お姉さん、そしてお母さん、がんばれ！」

そんな心の声が静かに響いていました。

まるくおさまる

ＰＭ７：００
ワシ「ただいま～」
妻「おかえりなさい！　ハイ！　宿題」（子育てノート）
ワシ『ゲ』
妻「あんだ（あなた）が書けばまるくおさまる」

こんな書き出しの日記が出てくるとつい引き込まれてしまいます。仕事帰りのお父さんにはちょっと酷ですが、「まるくおさまる」と言われれば仕方ありません。

この一言で、今、ビールを飲みながら書いています。子どもたちの日記＝学級通信は息子が一年生から制野先生のクラスだったので、毎回楽しく読ませていただいておりました。この学級通信から子ども一人一人の気持ちや行動が手に取るようにわかり、皆、明るく学校生活を送っているのだなと想像しております。

小学校でバスケットボールを教える底抜けに明るいお父さんです。ＰＴＡ活動では同じ体育部でお世話になり、運動会の打ち上げやら、「親父の会」（父親の有志の会）やら、何かと理由をつけて飲み歩く仲間でした。そんなお父さんが担任に代わって呼びかけました。

このクラスには無縁な事と思いますが、子どもが非行に走る一番の原因は親の不和が発端と言われております。しかし、子育ては母親の仕事と思っているおとうさんが非常に多い‼　制野先生のクラスのお父さん、たまには子育て日記書いてみませんか？

ほろ酔い気分がペンを走らせたのでしょう。ありがたい文章です。

栄くんのお父さんの文章を読んで思わずニヤッとしてしまった担任です。内心（待ってました！）とほくそ笑んでいます。世のお父さん方の中には、子育て＝母親の仕事と思っている人が少なくありません。一生のうちで子育てに関わる時間はごく限られています。お母さんまかせになっていませんか？

私も嬉しくて思わずビールを飲みほすのでした。

それにしても、お父さんたちだって本当は子育てにもっと関わりたいのではないでしょうか。だからこう呼びかけられると、つらい人がいるのではないでしょうか。親子がじっくりと触れ合えれば、心の豊かさが引き継がれていく社会になると思うのですが。本当の「働き方改革」を速やかに実現させなければなりません。

「載せられる〜」

我が家でも先週頃から「お母さん、来週来るよ」今週になってから「もう少しで来るよ」とじわじわプレッシャーをかけられていました。そして、今日、息子にノートを渡されました。

祐介は、天然系キャラが冴《さ》えわたるクラス一の個性の持ち主。「テーブルの上を片付けて」と言われるとその日の新聞まで捨ててしまい、穴の開いた靴下は片方だけを捨てるという天然ぶりです（第6章「白黒まだら」）。その祐介のお母さんの日記がまた実に面白いのです。「子育てノート」が回ってくることを予告する祐介。何を書かれるのか心配だったのでしょうか。気が気でない息子に対して、お母さんは極めて冷静です。

私がノートを見ながら（何を書こうかな〜）と思っていると、息子が隣で「お母さん、あんまり上手な文章を書くと、『頓珍漢《とんちんかん》』に載せられるよ」「でもあんまり短い文章だと先生に失礼だよ」と次々にいろいろと話してくるのです。内心、私は（ヤッター、この会話、これを書こう）と思い、「どうして短い文章は失礼なの？」などと会話を膨らませていきました。

「う〜ん、なんかわかんないけど失礼だ」と息子。私「この会話書こうかなー」息子

「ダメー。会話形式は載せられる」私「ふーん、そういう傾向あるんだ。後は？」息子「おもしろい話もダメ」制野先生、こんなに注文が多いんじゃ書けないですよね。だからこの会話を書きました。息子は自分で自分の首を絞めたのです。一年間よろしくお願いします。

ノートを書く傍らで祐介は気になって眺めていたのでしょう。情景が目に浮かびます。それにしても祐介のお母さんの子育てを楽しむ姿、素敵ですね。テーブルを囲んで交わされるお母さんと思春期入口の息子の会話。祐介にとって自分の子育てについて書かれるなんて経験は、それほど多くないはずです。

最後のお母さんの突き放したような、それでいて息子が可愛くてしようがないような文章に、心がほっこりします。

追伸：私の書いた文章を見た息子は「『載せられる』って書いたら載せられるよ～」とまださわいでいます。あきらめの悪い息子です。

お母さんの大変さ

子育てノートに親自身がつらさを綴《つづ》ってくることは稀《まれ》ですが、時々、子どもが親の苦労を「代弁」してくれる日記が登場します。子どもが家族のことを綴ろうとすると、何かとお父さんやお母さんの仕事のことを綴ってきます。

希は、出張で東京に出かけたお母さんに代わって、家事を仕切った時のことを綴ってきました。

お母さんの大変さ
うちのお母さんは、今、東京に行っています。そのかわりにあだし（私）が家のごど（事）をしています。いつもならお母さんがいるのに、いないとやっぱりリズムがくるいます。ごはんをつくるのもあだし（信じられないけど）。お父さんとお兄ちゃんのごはんもつくります。

普段はぶっきらぼうに見える希の肩に、家事の負担が乗っかってきました。何かと人をあてにすることの多い希ですが、環境が変わればしっかりと動き出します。お父さんもお兄ちゃんもそれなりに協力はしてくれるものの、やはり家事の偏りが希の肩に覆いかぶさってきます。不器用な手で一生懸命家事をこなしたのでしょう。

お母さんは、いつもはやくおきていろんなことをしています。そうじをしたり、朝ご飯をつくったり。それからすぐに仕事。大変だなあと思いました。でもこれから大人になるんだから、大変だなんて私は言えないなあと思いました。

東北の朝は寒さで全身が凍えます。体の芯から冷える朝は、誰だって起き上がりたくないものです。まだ薄暗い中で仕事をこなすお母さんの姿、凍える手で家事をこなすお母さんの姿を思い浮かべたのでしょう。

一方、「家事の担い手は誰？」「本当にそれでいいの？」と呼びかけることもまた教育です。「家事ハラ」という言葉を初めて使ったのは、私の元同僚の竹信三恵子先生ですが（『家事労働ハラスメント』岩波書店、二〇一三年）、実際にはまだまだ女性に負担が偏っています。家事労働を正当に評価した上で、男女の分担を進められる世の中に変えていかなければなりませんね。

それにしても子どもが塾や習い事で、労働や生産に関わる場面が少なくなったというのは気になりますね。

きんばあより

子育てノートには、親だけでなく祖父や祖母、兄弟姉妹など様々な人たちが綴ってくるようになります。秀美の祖母の「きんばあ」もその一人でした。孫から渡されたノートには、びっしりと子育て中のエピソードが綴られていました。

私、秀美の祖母でございます。秀美がミルクを飲んでいる頃から育てましたので、あの子の性格がよくわかります。健康で元気よく、自分の思いのまま遊んだり、自由に行動したりする子どもでした。

三世代同居家族なので父母が働きに行く間は、きんばあが秀美の面倒を見ていました。しかし、自由闊達な秀美は祖母の心配をよそにとんでもない行動に出ます。

三歳の頃でしたか、私にとっていまだに忘れることのできないことが起きたのです。それは交通安全週間で湊二小の鼓笛隊が行進してきたので、それを見せに行き、家の前を通過したので帰ろうとした時のことです。何を思い出したのか、秀美は一目散に小さい体で走り出したのです。私が「秀美!」と言って追いかければ追いかけるほど、突っ走りました。国道沿いなので車道に出られるのではないかと思い、「誰かその子どもを押さえてください」と手を上げ叫びましたが、車の音で聞こえるはずがありませんでした。

きんばあの動転ぶりがわかります。手に汗握る展開です。

私は心配と焦りで腰がクタクタになり、前に進めなくなったのです。そしたら私が心配していた通り、赤信号を全く無視してただただ走っていかれたのです。運よく交通量も少なく無事だったのでホッとしましたが、あの時の心配と安心した思いは何十年経っても忘れられません。

「腰がクタクタ」になるほどの悪夢でした。これは忘れられない思い出です。

この日記から十数年後。私の妻が病気で入院した時、担当の看護師がなんと秀美でした。立派な看護師になっていました。そして、何よりも先に話題に出たのがきんばあのことでした。きんばあは元気で孫の成長を見守っていたようです。秀美も結婚し、子どもが生まれました。愛のバトンは次の世代へと受け継がれていきます。

まず地域へ出よう

赴任先が決まって私がまず最初にすることは、その地域を徒歩や車で巡ることでした。初任地は牡鹿《おしか》半島の中ほどにある荻浜地区で、私にとって「第二の故郷」のような場所です。ここも自分の足で歩きました。広い学区内に大小一〇あまりの浜があり、入江の奥や岬の先に点在していました。どんな地形のところをどんなふうに歩いてくるのか、雨風を避ける場所はあるのか、街灯はどれくらい付いているのか……大学時代に受けた講義の中にそんな教師の姿を紹介されたことがあり、それがインプットされていたのです。案の定、細い山道を一時間近く歩いてくる子どもたちもいました。

それから約三〇年後の二〇一九年一〇月。東日本大震災で多くの児童・教職員が亡くなった石巻市立大川小学校の裁判の判決が最高裁で確定しました。教師がその土地の地形や歴史について詳しく知ること、地域住民よりもはるかに高い専門的な知識が求められること、そしてそれを組織的に備えることが求められることとなりました。行政や現場の教職員には厳しい内容ですが、大川小学校の事故を教訓に、学校防災・安全を徹底する上では歴史的・画期的な判決だったといえるでしょう。

では、先生たちは何をすべきでしょうか。私はまずその地域を自分の足で歩くこと、そしてどこに何があるのか、地形はどうなっているのかを肌で感じてほしいと思っています。地域に対しても「捨て目」の使える教師になってほしいのです。「捨て目」とは、普段何気なく見過ごしているものでも、どこに何があるかをしっかりと記憶しておくということです。

それから市町村史をひもといてほしいと思います。そこには災害の歴史が大小を問わず記録されています。今は堤防や水門で区切られていたとしても、元々の地形的な特徴はどうだったのか、なぜこんな地名なのかを歴史的な観点から眺めるべきです。

世の先生たちへ、まず地域へ出てみましょう。そして、おおいに地域の人と語りましょう。多少の疲労感は伴うでしょう。でも決して徒労感はないはずです。

第13章　震災下の子どもたちの言葉

私の教師人生でどうしても避けて通れないのが東日本大震災の経験です。海から二〇〇メートルあまりのところにいた私は、津波の脅威を目の当たりにしました。松の木や電柱が次々となぎ倒され、車が木の葉のように舞う光景を私は「敗北の風景」として目に焼き付けました。そして、そこから亡くなった教え子や親たちへの弔《とむら》いの日々が始まりました。そして、「寄り添う」ことしかできない悲しみこそが実践の原点であると確信したのでした。

あの日

東日本大震災から一〇年あまり。当時、私は宮城県の東松島市にある旧鳴瀬第二中学校に勤めていました。もう地図には載っていないその中学校の目と鼻の先には、太平洋が広がっていました。教室の窓からは綺麗な松原が見え、その林間から波の音が聞こえてくる学校でした。空の青をそのまま海のパレットに流し込んだような日は、もう私の心は浮かれるばかりでした。

そんな海があの日、猛然と私たちに襲いかかりました。卒業式の後、たまたま学校近くのホテルにいた私は、あの津波の猛威を間近から眺めることとなりました。そう、ただ茫然《ぼうぜん》と眺めることしかできなかったのです。

多くの教え子の行方がわからぬまま数日が過ぎました。あの猛烈な波の中をどのように逃げたのか、果たして無事でいるのか、知る由もありませんでした。

着の身着のままで逃げた私たちがもっていたのは「いのち」だけでした。しかもそれはどこかに敗北感を引きずった、芯のない抜け殻のような「いのち」でした。人の生きた証《あかし》という証すべてが瓦礫《がれき》となりました。生活の証と瓦礫が背中合わせだということを初めて思い知らされました。同時に、「生」と「死」が隣り合わせであることも。

そして、そこからは必死に生きるための日々でした。寒さと空腹とのどの渇きをしのぐ日々……「いのち」があることをあまりにも当然視していた自分に愕然《がくぜん》としました。「いのち」は当たり前ではなかった――この想いはあの寒さと共に、私のこころとからだに刻み込まれました。

さらに数日たったある日、私は初めて自分の教え子・健人の骨を拾うことになりました。しっかりとした若々しい骨でした。まだ生きたかっただろう、生き続けたかっただろう……そう呼びかけながらただただ頭を下げて骨を拾いました。

「悲しい」という言葉がいかに軽いものか、この時初めて知りました。と同時に、「悲しい」の最上級が「怒り」であることをこの時初めて知りました。それは自分への「怒り」でした。子どもの「いのち」を守り切れなかったという「怒り」でした。

後悔

今は静かな海も、時に私たちにその刃を向けます。津波は健人の命をいとも簡単に奪いました。三人兄弟の末っ子。いつもニコニコしていた健人。その亡骸《なきがら》を前に、お母さんは、安心したようにこう話してくれました。

「綺麗な顔でしょ。良かったです……」

遺族にとっては遺体が見つかること、しかもそれが寝顔のような状態であればホッと感じられたのです。悲しいのに嬉しい、不安なのに安堵する……こんな経験は初めてでした。泣いていいのか、喜んでいいのか……複雑な境地のまま、私たちは健人を荼毘《だび》に付しました。

母方のおじいさんは健人と生前、山に分け入り、川の源流で遊んだ時のことを私たちに語ってくれました。

「いやあ、なにもかにも、川さへれば（入れば）サンショウウオ追っかげで取ってだ。水さあ、へんの（入る）は苦でねがった（なかった）んだげっとも。まさが泳げねどは思わねがったな」

健人は確かに泳ぎが得意ではありませんでした。私の水泳の授業でも後ろの方でブルブルと震えていることが多く、自由に呼吸をしたり、浮くことはできませんでした。一度、地域の方

が着衣泳を教えに来た時も、

「健人！　なに後ろでこそこそ聞いてんだ？　ちゃんと前にきて聞きなさい！」と注意されていました。その時も彼はニコニコしながら〈見つかった！〉という顔をしていました。

そんな健人に私は「ドル平泳法※」を教えました。吸った空気を肺にため込んだまま浮き、進むというものです。水泳で最も大切なのは呼吸であり、初心者も楽に泳げるようになる泳法です。

健人はしだいに浮くようになり、呼吸も無理なくできるようになりました。しかし、この年はこれでタイムアップ。〈もう一年あれば泳げるようになるだろう〉――そう思って私は水泳の授業を切り上げました。

半年後、私は猛烈に悔やみました。〈もっと確実に泳げるようにしておけば、もしかして彼は助かったのではないか〉そんな思いが私を苦しめていきました。と同時に、自分への「怒り」が湧いてきたのです。

（※）学校体育研究同志会が開発した泳法

父の死

三月十一日。僕はあんな日が来るなんて信じられなかった。今でも。

壮絶な津波体験を綴《つづ》ってきた康生。


海岸の方から少しずつ波が見えてきました。その時は（まさかここまでは来ないだろう）と思っていました。次の瞬間、目の前に波が押し寄せてきました。「えっ」「走れ！」僕たちは津波から逃げるように走りました。運よく小屋のようなところがあり、僕と母は間一髪そこに逃げ込みました。だけど優一は波に流されてしまいました。僕たちの小屋のそばを、「助けてー、助け……」と叫びながら流れていく人たちもたくさんいました……

親友の優一とはそれまで一緒に行動していました。優一はその後、近くの運河に流されます。


水かさが増していく小屋の中で僕は母に聞きました。

「そう言えば親父ってお母さんと出かけてたんだよね？」

すると母は、

「お父さんは康生が家の中にいるか確認しに家へ入ったの」

と暗い声で言いました。それを聞いた僕は言葉を失いました。どんどん増していく水かさは僕たちの首までにたっし、小屋から屋根によじ登ろうとしました。最初に僕から上がり始めましたが、濡れた服がとても重く、寒さで手にも力が入りませんでした。僕の体はぶら下がった状態になりました。そして、次の瞬間手が離れてしまいました。その時は（死んだ）と思いました。……腕が伸び、足が何とかつき、九死に一生を得ました。どんどん波が引いていきました。「助かった」何度も何度もその言葉が口からこぼれました。

流された優一はかろうじて助かりましたが、康生と父親は再会を果たせませんでした。康生の心の中に大きなしこりが残りました。

「自分のせいで父親が亡くなった……」

人は取り返しのつかない出来事を前に言葉を失います。そして、私たちは康生の悲しみに寄り添うことしかできないのもまた事実でした。

人の死はその数によって深刻さが語られるべきではありません。その背後にあった数々の物語の喪失こそが、悲しみの本質をえぐり出します。

東日本大震災から一〇年。被災地の悲しみはまだまだ続きます。

生き延びる

その瞬間、康生が、「津波だ！」と叫んだので下の道路を見たら黒く低い波が見え、そしてすぐに大きな黒い波が迫って来ました。

親友の康生と高台に避難していた優一。しかし、津波は容赦なくその高台を襲いました。

気がつくと水は膝くらいまで来ていて僕は流されました。水の勢いで草むらを転がされ、どんなふうに流されたかは覚えていません。気づくと僕は川の中にいました。不思議と水の冷たさは感じませんでしたが、川の中を流されている時、瓦礫に挟まれ水面に顔を上げることができなくてとても苦しく、（もう駄目だ）と思いました。

ここで優一は私に教わっていた「ドル平泳法」の呼吸法を思い出したそうです。

しかし、一度深く潜って水面を目指したら、瓦礫も何もない所へ出る事ができました。近くに流れていたタイヤに摑《つか》まることができ、電線や瓦礫にぶつからないように一生懸命泳ぎました。河口の方に流されている僕に、避難していたおばあさんたちが、「そっちに行っては駄目だ。こっちへ来い！」と一生懸命呼びかけてくれていたことを後から知りました。僕にはおばあさんたちの声は聞こえませんでしたが、僕は声のする方に泳いでいたそうです。

何という本能でしょう。記憶にはなくとも体は反応していました。生への光が差し込みます。

僕は何とかして残っていたよその家の屋根の上に上りました。……二階の窓が開き、おじさんとおばさんが僕を引き上げてくれた時、（助かった）と思いました。家の中に入れてもらい、服を着替えさせてもらった僕は寒さと恐怖で体の震えが止まりませんでした。

その時、優一は顔にけがを負っていましたが、それを知る由もありません。それほどの緊張を強いられていたのです。かろうじて生き延びた優一はすぐに康生や家族と再会を果たします。しかし、三人の教え子たちが還ってきませんでした。うち一人は行方不明のままです。前日まで私のバスケの授業を受けていた子どもたち。後悔してもしきれません。なぜ、彼らは犠牲になったのか——この問いは一生続きます。

本当に大切なもの

子どもたちは無事に「いのち」をつないだだろうか——震災直後、子どもたちの安否確認は困難を極めました。どこに誰がいるのか、親たちは無事なのか、家はどうなったのか。車は流され、携帯を充電しようにも電源がありません。私たちの焦燥感は募る一方でした。

そんな中、教職員の人事異動を予定通り行うとの連絡が県の教育委員会から届きました。

〈悪い冗談だろ? まさかまだ子どもの安否確認中の担任を異動させるのか?〉一同、耳を疑いました。

県教委は現場の悲しみや混乱をよそに人事異動を強行しました。親族を失った教員もいる中、強行突破したのです。私も叔母を亡くし、心ばかりの葬儀を終えたばかりでした。亡くなった方を胸に刻む時間さえ与えられなかったのです。

そして、何よりも傷ついた子どもたちをケアすべき存在の先生たちを、かさぶたを剝《は》ぐように、半ば力づくで異動させたのです。最初にして最大のケアの機会を県教委自ら放棄したのです。ある先生は涙ながらに言いました。

「こんな状態で異動できるわけがない……」

〈この教育委員会は一体何を大切にし、何を粗末にしているのか。「心のケア」と言っておき

ながら、それは表向きだけのことなのか？〉

この時の非情さを私は一生忘れません。教育の本義にもとる行為だったと断じざるを得ません。

さて、避難所となっていた学校には、十数名の子どもたちがいました。着の身着のままの教師と子どもたち。私たちはとりあえずその状況下でできる教育とケアを考えました。〈これだ！〉と思いついたのは支援物資を配るボランティア。中学生が被災者を励まし、同時に自ら社会へ参加する。私たちはすぐに支援物資を配るルールづくりを始めました。混乱していた物資の配布方法に新たなルールを設け、その中心に中学生を据えました。平等・公正・公平を旨とするボランティアは、子どもの居場所の確保と社会参加を可能にしたのです。

あの大混乱のさなか、私たちは必死で「本当に大切にしたいものは何か」を模索したのでした。あの非情な人事異動に抗うように。

抱きしめる

私たちの避難所生活は約一か月に及びました。地区ごとに教室が割り振られ、地域の方々ともたくさん触れ合うことができました。

その一つの場が中学生と共に行ったボランティアでした。子どもたちの居場所と社会参加の機会をつくることが目的でした。一つの教室を借りて、衣類などを平等・公平・公正に配ろうと考えました。

子どもたちは、①部屋に入る人数は一回あたり五人まで、②一組の制限時間を五分とする、③一人あたりの枚数を制限する、④配布場所には中学生が立つ、⑤時間は夜九時からとすることなどの約束事を決めました。⑤は「昼間働きに出ている人たちがいるから」という理由で、それまでの混乱の中から導き出した一つのアイデアでした。それから子どもたちは生き生きと活動を始めました。

そんなさなか、避難所であるトラブルが発生しました。携帯電話がつながらず、イライラが頂点に達していた時にそれは起こりました。

「お前ら、今さら何しに来たんだ？　なんでこんなに遅いんだ？」

ある携帯電話会社から作業員がやってきて、臨時のアンテナを設置した時のことです。それを見ていた避難所の若者が食ってかかったのです。

「他の会社はもうとっくにつながってんだぞ！」

作業員の胸ぐらを摑《つか》んで、詰め寄りました。彼の真っ赤な目から大粒の涙がこぼれていました。

この若者は震災後、地域のお年寄りや子どもたちのために身を粉にして働いてきました。寒風の中、プールからトイレ用の水を運び、重い支援物資の運搬も率先してやりました。自分の親族や職場を失ったにもかかわらず、地域のために働くこの若者の姿に私は感動していました。そんな彼の激高の意味を私は十分に感じ取っていました。

「やめろ！　気持ちはわかるから！」

そう言って、私はとっさに彼を抱きしめました。彼は一刻も早く大事な人と連絡を取りたかったのでしょう。矛先を向ける相手は違うかもしれませんが、私には彼の気持ちが痛いほどわかりました。私は涙を流しながら彼を強く抱きしめました。強く強く抱きしめました。

一〇年

今思えば震災について本気で考えたことがありません……

私が講演の中で必ず紹介するまなきという子どもの作文です。震災で母親を亡くし、それを押し殺すように頑張り続けた子どもです。

私たち三年生にとっても中学校としても最後の運動会の日、最後の企画で風船を大空に飛ばしたとき、涙が溢《あふ》れてきました。風船には未来の願い、辛《つら》さや悔しさ、様々な思いを込めました。……けれど、なかなか風船を放し空へ飛ばすことができませんでした。

彼女は風船を放せなかった理由をこう綴ります。

私は大好きな母を忘れそうになっています。忘れたくない、そう思っているのに少しずつ消えてしまいます。震災が起きる朝に交わした言葉も、声も顔も動作も。思い出せないことが多くなっています。それがとても怖いです。母が私の中から消えそうで怖いです。そして忘れていってしまう自分が嫌でしようがありません。風船をなかなか飛ばせなかったのも「忘れてしまう」と思ったからだと思います。

自分から離れていく風船と母親が二重写しになっていたのでしょう。

母に会いたい気持ちが溢れてきます。甘えることのできる母親がいて、相談できる母親がいて心配されて、愛されて、成長を見届けてくれる母親がいる家庭。去年の運動会も、今年の運動会でも、精一杯頑張りました。けれど、いつも最後にはぼんやりした何かが残ります。……もしかしたら母親がいないからどこか心にぽっかりと穴があるのかもしれない。母と一緒に喜びたい、褒められたい、そんな願いがあったのかもしれません。……母のことを時間が経つにつれ、忘れてしまうのだったら時間なんて経ってほしくないです。そんなことを言ったら母に怒られるんでしょうけど、これが私の本音です。

健気《けなげ》さと切なさが入り混じった作文に、私は何度も涙を流しました。

「もっと甘えたかった」

その気持ちを押し殺しているのがよくわかります。

あれから一〇年。まなきも立派な社会人になり、「地域の役に立ちたい」と日々頑張っています。いつかまたじっくりと彼女の話を聞いてあげようと思っています。

第14章 「いのち」と向きあう

東日本大震災では多くの教え子や親、友人、そして私自身の親族を見送りました。あの震災を通して鍛えられた私たちの「いのち」観――それは、「人を〈いのち〉として見る」ということに尽きます。「生きることそのものに価値がある」というベースから、教育や社会を眺めるようになりました。「いのち」そのものが根源的な価値であり、それ以上説明のつくようなものではありません。ここではそんな〈いのち〉観について考えます。

一枚の写真

震災前の二〇〇八年五月、中国・四川《しせん》で大地震が起きました。死者・行方不明者はおよそ八万七〇〇〇人に上ると言われています。現地を訪れた知人の話では、行方不明者の捜索は途中で打ち切られ、完全に公園化されたようです。

私はこの時、新聞に掲載された一枚の写真に心を打たれました。それは下から伸びた小さな子どもの手を、大人の手がしっかりと握りしめている写真でした。大人も子どもも顔や体は写っていません。手を握るシーンだけがクローズアップされていたのです。

私はこの一枚の写真を使って、子どもたちと「いのち」について考えたいと思いました。

「天災は忘れた頃にくる」と言ったのは、科学者の寺田寅彦ですが、その言葉通り、思いがけぬような地震が中国で発生しました。この写真には「学校倒壊で亡くなった犠牲者の手を握り締める家族」と付されています。下の手は明らかに子どものもので、すでに血の気を失っています。「一人っ子」政策をとっていることを考えると、おそらく亡くなったわが子の手を握りしめるお母さんの手ではないかと思われます。いまだに数万人の消息がつかめないということなので、瓦礫《がれき》の下で救助を待つ人は少なくないでしょう。

折からマンションの耐震偽装疑惑が全国を駆け巡り、人の「いのち」と「お金」のどちらが

大事なのかが問われていた頃でした。この写真は、今見ても心にぐっとくる一枚です。

実は、私も東日本大震災で同じような経験をしました。次々と運ばれてくる人々の遺体を目の前で拝みながら見送りました。かつての教え子や親たちもたくさん失いました。叔母も見送りました。この写真を見るとその時のことがまざまざと思い出されるのです。

最後に、私は子どもたちにこう呼びかけました。

「いのち」を愛《め》でるものと、「いのち」を粗末にするもののギャップがすごい。人の「いのち」の大切さこそ、今、大人が伝えなければならない最大の課題だと思うのですが……。

それから三年後。あの大震災もまた突然やってきました。そして、「いのち」をどうとらえるのかが試されました。

〈冷たい箱〉にしないために

「震災後、セーノ先生の中で一番変わったことは何ですか？」

いろいろな人からよく受ける質問です。その時、私はこう答えます。

「子どもが〈いのち〉に見えるようになった……」と。

「ではそれまで子どもが〈いのち〉に見えなかったのか？」とお叱りを受けそうですが、そうではありません。震災後は、「肉」と「肌」の感覚としてそう思うようになったのです。

震災前、学校が荒れていた時は、「また子どもたちとの『格闘』が始まる……早く学校終わらないかなあ」と思うことがありました。疲れた心で子どもを迎え、倒れそうな体で子どもを送り出すことがあったのです。そして、子どもが学校に登校するのは〈当たり前〉のようにとらえていました。

しかし、あの震災を通して、「〈生きる〉というのは当たり前ではない」という〈当たり前〉のことに気づきました。数々の奇跡と偶然の上で私たちは生きているのだ、と。

「さよなら」と言えば「さよなら」と返ってくる――これは決して〈当たり前〉のことではありません。その証拠に「さよなら」と言っても、「さよなら」と返ってこない子どもたちがたくさんいます。親を亡くした子どもたち、そして子どもを亡くした親たちがそうです。その現実を目の当たりにするたびに、「ああ、ほんとに亡くなったんだなあ」としみじみ感じるのです。大川小学校で子どもを亡くした佐藤敏郎さん（元中学校教師）も、「防災とは〈ただいま〉という声を聞くこと」だと語ります。

私は震災後、子どもたちが登校してくる姿を見ながら、「〈いのち〉を背負ってよくぞ来てくれた」とごく自然に思うようになりました。帰りも同様で、子どもたちを見送りながら「明日もまた元気で来るんだぞ」と心の中で呟《つぶや》くようになりました。同じような教員は私の周りでも増えました。

〈当たり前〉を〈当たり前〉だと思わないこと――子どもは〈いのち〉を背負って学校に来るのだということを忘れてはいけません。それが〈当たり前〉だと思った途端、学校はただの〈冷たい箱〉になるのです。

葛藤

二〇一四年、私は「命とは何かを問う授業」を構想しました。震災で大事な人を失った子どもたちの「心のケア」と言いながら、誰も人の死について触れず、悲しみを内奥《ないおう》に抱えている子どもたちをただ見守るだけでいいのか、という疑問が湧いてきたのです。

「教え子や保護者、友人、そして身内を亡くした私が、その死を真正面に据えず何事もなかったかのようにやり過ごしていいのだろうか？」

「なぜ、あの子どもたちは亡くなったのだろう？」

「亡くなった人々は何を残して逝《い》ったのだろう？」

そんな疑問がふつふつと湧いてきたのです。世の中が東京五輪決定で浮かれる中、時が止まっている被災者の思いや無念さを、正面から受け止める取り組みが必要だと考えたのです。

しかし、やはり最大の壁は、「子どもたちの心の傷に触れていいのだろうか？」という迷いでした。「何もせずに見守った方が得策ではないか？」とも考えました。

しかし、それはあまりにも予定調和的な考えではないかと思い至ります。まなきのように「母を忘れるくらいなら時間なんて経ってほしくないです」（第13章「一〇年」）という言葉に象徴されるように、被災者の心の時計は止まったままなのです。時の流れをすんでのところで押しとどめ、「忘却」とたたかっているのです。訳知り顔で「時が解決する」などと思ってはいけないのです。

だから私は子どもたちにあえて震災体験を語らせ、それを互いに共有し、本音を打ち明けながら「いのちとは何か」をともに考えたかったのです。そして、「あなたの悲しみはきっと誰かが受け止めてくれる」と伝えたかったのです。

詳細は、拙著『命と向きあう教室』（ポプラ社、二〇一六年）に譲りますが、今でもこの実践への迷いを引きずっています。「身を削りながら死を受け止めてきた子どもたちに、本当に寄り添うことができたのだろうか?」と。

しかし、ある子どもの「当事者にはなれない悲しみ」を綴《つづ》った作文が、私の救いとなりました。この言葉には寄り添うということの原点が象徴的に表れています。当事者にはなれない悲しみを携えることこそが、寄り添いの原点なのです。

感度

「節目」――辞書には「ある物事の切れ目」と書いてあります。

東日本大震災から一〇年。被災された方々、特に親を亡くした子どもたちの心はどうなっているのでしょうか。

だいぶ前の話ですが、地元の新聞社主催の震災を語り継ぐ企画に参加したことがありました。集まったのは語り部活動をしている二人を含む、宮城県内の六人の高校生たちでした。

そのうちの一人、ほのかは私の教え子でした。祖父が流されたという自宅の跡地に立ち、彼女は静かに、しかししっかりとした口調でこう語りました。

「生き残った近所の人たちの話では、おじいさんは当時小六だった私の帰りを、ここで……今私が立っているこの場所で待っていたそうです……」

そう言って彼女は、おじいさんが向いていたであろう方向に体と視線を向けました。

周囲には枯れた雑草が腰のあたりまで伸びています。それでも彼女はしっかりとした足取りで、おじいさんが立っていた場所に、確信をもって立っているのです。彼女は驚くほどしっかりとした口調で続けます。

「私が下校途中で小学校に戻らず、家に帰っていればおじいさんは助かったかもしれません。

だから私がこの場所で語り続けることは、おじいさんの遺志を語ることだと思っています……」

鳴瀬川の河口の向こうには、太平洋が静かに広がっています。そして、その先には今も変わらない牡鹿《おしか》半島の稜線《りょうせん》。石巻の北上川河口にある製紙工場の煙も健在です。

その後、「いかに風化を食い止めるか」をめぐって高校生たちは活発に意見交換を行いました。

私は、彼らの話を聞きながら、「風化」とは深い傷を負った者たちに対して当てはまる言葉であり、そうでない地域や人々にとっては「風化」というよりも「無関心」といった方が的確ではないか、最も怖いのは「いのち」に対する「無関心」なのではないかと思い始めました。どんなに励まそうと、どんなに寄り添おうと被災者にとって「節目」はありません。そのことに悲しみを覚える感度を失ってはいけないと思う座談会でした。私自身も一生「風化」とたたかわなければならないと決意を新たにしました。

生き延びて

高知県の甲浦《かんのうら》という小さな港町の小学校に、防災キャンプと講演に出かけた時のことでした。これは町の教育委員会が企画したもので、私はキャンプのアドバイザーとして参加しました。この町は南海トラフ地震の予想震源域に近いこともあり、町を上げて防災教育に取り組んでいました。津波の到達予想時間が、三分とも五分ともいわれており、激しい揺れの中で避難することを想定していました。町のあちこちに避難場所の指示板が立てられていました。

子どもたちは四年生から六年生まで一五人ほど。まず、子どもたちをいくつかの班に分け、防災地図を片手に津波の避難場所に実際に行ってみる活動でした。古い港町の高台に金毘羅《こんぴら》宮や古刹《こさつ》があることから、「ここに逃げれば何とか助かる」ことを子どもたちは既に知っている様子でした。息を切らして高台を目指す私たちを尻目に、子どもたちは自分たちの〈庭〉のようにどんどん登っていきました。子どもたちの後ろ姿はたくましい限りです。

海辺には真新しい津波避難タワーが建てられていました。高さ一五メートルほどの立派なものでした。ここでも子どもたちは階段を一目散に駆け上がりました。目前には美しい砂浜と青い海が広がり、静かな波が打ち寄せています。

「ここまで津波がくることはありますかね?」

現地の指導員も疑心暗鬼です。私は即座に、

「『ここなら大丈夫』という場所はないと思った方がいいでしょう……」

と返しました。ほんの小さな慢心が命取りになるからです。四年生の子どもがふいに話しかけてきました。

「先生はどうやって逃げたん?」

「とにかく上へ上へと急いで逃げたんだよ」

この子どもたちを何とか津波から救わなければなりません。でなければこの町は一瞬で、人ものもなくなってしまうのです。

その後、夜の講話では、子どもたちと地域の人々を前に津波の体験談を語り、最後にこう語りかけました。

「次の語り手となるためにも、皆さん、必ず生き延びてください……必ず……」

私は、その言葉を何度も繰り返しました。

夜の帳《とばり》が下りる中、会場を去る私に子どもたちは小さな手をいっぱい振ってくれました。

〈絶対生き延びるんだぞ〉

心の中で何度も語りかけるのでした。

祐一先生

私は、震災で多くの仲間を失いました。共に子どもの未来を語り合った佐々木祐一先生もその一人でした。

《「ただいま」という夫の優しい声が聞こえてきそうです……東日本を襲った大震災により、夫佐々木祐一は五十七年の人生に幕を閉じました……》

妻の芳美先生（元小学校教師）は、祐一先生とのお別れに際し、御礼の手紙の中で私たちにこう語りかけました。

《昭和五七年……教員となり、学級担任として最後まで子どもたちに寄り添い子どもたちと共に生きることを信条として、教師という仕事に生涯をかけてきました……》

祐一先生は石巻市立大川小学校で被災しました。多くの児童・教職員が亡くなった学校です。

「どんなにつたない実践の中にも必ず光るものがある」

これが祐一先生の口癖でした。若い教師たちの失敗を全て受け入れてくれる、懐の深い先生でした。教師という仕事の気高さを、身をもって教示してくれました。

《こんな形でかわいがっていた子どもたちと別れなければならなかったことが悲しく、そして残念でなりません……志半ばにして旅立たなければならなかったこと……本人が残念だった

と思います……》

私は、いまだに祐一先生が亡くなったことを受け入れられません。まだ心から弔《とむら》えないのです。

そんな祐一先生への複雑な思いが、私を〈いのちの授業〉へと駆り立てました。生き残った子どもたちと「いのちとは何か」を問うことで、自分の中の「曖昧《あいまい》さ」に決着をつけたかったのだと思います。

しかし、子どもを取り巻く現実の前にへたり込んでしまいます。その時は「もし祐一先生ならどんな実践をしただろうか?」と思い返します。心の中で祐一先生と対話をするのです。

「先生、この作文はどう読み取ったらいいんですか?」

祐一先生! 先生の「魔法のポケット」からまだまだ盗みたいものがたくさんあります。今度会ったらたくさんのことを教えてください。そして、いつか私たちの夢の学校をつくりましょう。

最後に。決して同じ悲劇は繰り返しません。一緒に旅立った子どもたちのことをよろしくお願いします!

さらばダンプ園長

「なんもだ。ＤＮＡ残ってるべさ……」

そう言ったのは、宮城県石巻市のわらしこ保育園園長、絵本『ダンプえんちょうやっつけた』（ふるたたるひ・たばたせいいち作、童心社、一九七八年）で有名な高田敏幸先生でした。私たちは親しみを込めて「園長」と呼んできました。

震災で母親を失くし、不安の中にいる女子中学生にどう声をかければいいのか、迷っていた私に園長は冒頭の言葉をくれました。

わらしこ保育園は、一九七二年に北上川のほとりに近い街の一角に生まれた小さな保育園でした。暖かい日は、子どもたちは一日中裸で過ごします。お世辞にも立派とはいえない園舎に、子どもたちは勇んでやってきます。頭の中は既にザリガニ釣りや基地づくり、マット運動や踊りのことでいっぱいです。

そんな子どもたちをリヤカーに乗せ、町中に繰り出します。「わらしこ」にとっては町中が園庭。大きなダンプカーを引き連れて渋滞の先頭を走ることしばしば。クラクションを鳴らされても、「文句あっかー！」とばかりに行進を続けます。

「あそび基地」と言われる通称「ヘビ山」では、藤の蔓《つる》を使ったターザンごっこ、三〇メートルにもなる滑り台、木登りなど、手作りのアトラクションがわんさか。お腹がすいたら近くの畑で、取り残された大根をパクリ。夏は、公園やプールで水遊び。口に含んだ水をかけ合います。秋になれば採ってきた茜《あかね》でシャツを染め、アケビを採って頬《ほお》ばります。どんぐりの中にいる通称・どんぐり虫まで味見をします。子どもの中に眠る野性を思い切りくすぐるのです。毎日、土だらけ、泥だらけになって帰ってくる子どもたち。

その他にも荒馬《あらうま》や御神楽《みかぐら》などの民舞、マットや跳び箱、平均台を使った表現など、体と頭をめいっぱい使い、「人間らしい人間」の土台を育てていきました。ここには人間教育の核が詰まっていました。私の子どもたちも全員ここで育ちました。

あの津波から園児たちを守り切ったダンプ園長も、二〇一七年八月二〇日、鬼籍の人となりました。亡くなるほんの直前まで周囲を笑わせ、心の中で「俺の生き方に文句あっかー」と言いながら旅立っていきました。

〈いのち〉を燃やし尽くした園長。私の中には園長の「ＤＮＡ」がしっかりと引き継がれていますよ！

第15章　子どもに寄り添うとは？

いよいよ最終章です。子どもに寄り添うとはどういうことか——特に、これまで紹介した実践がいかに創られてきたか、私自身どんな経験や学びの上にこの実践が形づくられてきたのか、その背景に触れながら、「いま」の教育に欠けているものは何かを掘り起こします。教師と子ども、親による共同の子育てのヒントを探ります。

私たちのヒーロー

「先生は別れたくない」――佐藤好郎先生（元校長、石巻市在住）は泣きながら黒板にそう書きました。私が小学校六年の時の出来事でした。

当時、私が通っていた小学校には新興住宅地の開発に伴ってどんどん転校生が入ってきていました。入学当初は二四名だった学級が、五年生の時には四五名に。それでも何とか一学級でスタートしたのですが、それが夏休み前には四九人まで膨れ上がったのです（当時は四五人学級）。

これに対して、町の教育委員会は年度途中で二学級に分割することを提案してきました。私たちはこの噂《うわさ》を聞き、口々に「このまま卒業したい」「途中で離れるのは嫌だ」と訴えました。その気持ちを察した好郎先生は、この分割案に猛然と反対しました。

元々、どんな行事でも野球のアンダーシャツを着て参加するような「飛んでる先生」でしたが、私たちにとっては心から頼りになる先生でした。ラグビーボールがほしいという私たちの要望に応えてボールを用意してくれたり、田んぼにスケートリンクをつくってくれたり、釣り大会の提案も実現してくれました。

そんな好郎先生が一学期も終わりに近づいたある日、神妙な面持《おもも》ちで教室に入ってきました。

そして、無言のまま背中を向け黒板に文章を書き始めました。内容は、全力で分割案に反対したが押し切られてしまったというものでした。はじめはざわついていた私たちも事の真相がわかり始めると、一気に静かになっていきました。

そして、書き終わった瞬間、好郎先生は黒板に額を押し当てて泣き始めました。涙が黒板をつたって流れていきました。私たちも口惜しさのあまり全員泣きました。教室中に嗚咽《おえつ》が響き渡りました。

私の実践の底流にはそんな好郎先生の子どもを思う熱情が、地下水のように流れています。好郎先生は齢《よわい》八〇。少し背中は曲がりましたが、まだまだ衰えを知りません。なんと七五〇CCのバイクを操っているのですから。子どもたちのためにたたかった先生はいつまでも私たちのヒーローです。

そして、私の中にもいつしか、小さな小さな「好郎先生」が生まれたのでした。

二つの通信簿

年度途中での学級分割案に反対した佐藤好郎先生。実は、好郎先生にはもう一つ信じられない「伝説」があります。「二つの通信簿事件」です。

真相はこうです。当時の評価は統計学の理論（「正規分布曲線」）をもとにした「五段階相対評価」で、どんなに成績が良くても（逆に悪くても）、それぞれの段階に一定の比率の子どもをはめ込むようになっていました。後に「目標準拠型」（絶対評価）に切り替えられるのですが、当時は子どもの成績を無理やりこの「正規分布曲線」にあてはめたのです。

好郎先生はこの評価法に疑問をもったのでしょう。多くの子どもができるようになり、わかるようになっているのに、なぜ「相対評価」なのか――そう考えた好郎先生は「正規分布曲線」を無視して成績をつけたのです。今では当たり前のこの方法も当時はご法度《はっと》でした。

するとそれに対して、「待った」がかかりました。「なぜこんなに『五』が多いのか」「ルール違反だ」として、当時の校長が一学期の通信簿の回収と書き直しを命じたのです。たったひとクラスの子どもたちが「正規分布曲線」通りに評価されるとしたら、こんな理不尽なことはありません。まして好郎先生は人一倍熱心に授業をしており、国語も算数も理科もみんな熱中していました。一回の授業で誰が何回挙手したかも知り尽くしていました。

これは後年、私の父親から聞いた話ですが、このことが問題になった時、父母たちが立ち上がり、みんなで町と県の教育委員会まで足を運び、抗議したそうです。好郎先生のもっともな考えに賛同し、親たちが手を取り合って「援護射撃」をしたのです。

そして、落ち着いたのが「二つの通信簿」でした。当時の通信簿を見ると一つの教科に黒い数字と赤い数字が書かれています。黒が「絶対評価」、赤が「相対評価」。微妙に上下しているのですが、これも好郎先生の渾身《こんしん》のたたかいの跡、教育を一歩進めるための激闘の跡なのです。

今、この通信簿は私にとって大事な宝物になっています。子どものためにたたかった好郎先生の思いが汲《く》み取れるのです。この真っすぐな先生の魂が私の中にも生まれたのでした。

子どもの可能性

「子どもの可能性」というのは実に「厄介」なものです。いつ、どこで花が開くかわからない上に、逆にそれを信じたとしても裏切られることもよくあるからです。「子どもの可能性を信じる」と口では言っても、それを心底貫徹するには相応の根気と努力が必要になってきます。

私がそう感じたのは小さな野球部での経験があるからです。

ある年、私が顧問をする野球部が、部員たった九人という危機に陥りました。道具の準備や後片付け、グランド整備やボール拾いがとても大変です。一人でもけが人が出れば試合は即中止。当初は〈何をやるにも苦労するだろう〉と思っていました。

しかし、子どもたちはそれを逆手に取りました。人数が少ないというのはボールに触れる機会が増え、結果的に一人当たりの練習時間が増えることになります。お互いの長所も短所もよく見えてきます。コミュニケーションがよくとれるようになり、最後はみんな「家族」になります。

そんな姿を見ている親たちが今度は立ち上がります。ボール拾いやグラウンドの草取りに足を運ぶようになります。お互いに自然と交流が増え、わが家で新年会や忘年会を催すとたくさんの親たちが集まるようになります。

そんな中で育った子どもたちが隠れた「可能性」に火をつけます。わずか九人のチームが秋の新人大会であれよあれよと勝ち上がり、地区大会を制し、なんと県大会でも優勝を決めたのです。しかも全試合「失点ゼロ」の快挙でした。

〈こんな奇跡はそうそうないだろう……〉

そう思っていました。

しかし、奇跡はそれだけでは終わりませんでした。翌年は南東北大会の決勝までコマを進めました。残念ながらあと一歩で全国大会の夢は断ち切られましたが、私はまったく後悔しませんでした。やりきった清々《すがすが》しさと「子どもの可能性」の素晴らしさに心が震えました。教師が子どもに学んだ瞬間でもありました。

そして、震災直後、安否を気遣って真っ先にわが家に駆けつけてくれたのが、その時のエースの正樹でした。大混乱のさなか、私は涙を流しながら感謝しました。ありがたいものです。

「明日死ぬかのように生きよ」

私の手元に一本の短い映像があります。それは文化祭のエンディングを映したもので、体育館のギャラリーから子どもたちの頭上一面に張り巡らされた青い電飾が、一斉に輝く瞬間が記録されています。光が灯った瞬間の子どもたちの歓声は、何とも言えない驚嘆と感動が入り混じるものでした。モーツァルトは「夢を見るから、人生は輝く」と言いましたが、あの光は、若手教師たちの「子どもに夢を見させたい」という心の結晶だったと思います。

実をいうと、最初はエンディングではプラネタリウム風に星のビデオを流す予定でした。私はそれに反対しました。理由は、手づくり感がないということ、つまり温かさが伝わらないからです。抽象的な表現ですが、手づくりの温かさというのは確かにあるのです。それを追究せずに安易な方向に流れると、感動が薄れると直観したからです。年に一度のお祭りを空虚なものにしたくない、徒労感だけで終わるような文化祭にしたくない――これが私の言いたかったことです。

「明日死ぬかのように生きよ。永遠に生きるかのように学べ」

これはガンジーの言葉です。アフリカのインド移民の不遇に接したガンジーは、命を賭けて彼らの弁護活動に奔走します。そして、その経験の中から非暴力運動を立ち上げ、イギリスからの独立を果たします。

私はこれを「学ぶことは、永遠の生を生きることに値する」と読み替えました。「学ぶ」とは「生きる」ことなのです。それほど学ぶことは尊いことなのです。

教師も同じです。学び続け、問い続け、答えを探そうと努力し続ける——子どもを喜ばせ、励ますようなストーリーを構想し、実現するこの力こそ「教師力」なのではないでしょうか。

希望に見立てて飾られた星々たちは、若い先生方が学び続け、問い続け、答えを探し出そうとして生まれたものでした。子どもたちとともに夜遅くまで残ってひねり出したアイデアでした。

電飾の光は、震災で亡くなった人たちへの鎮魂を意味していました。こんな「教師力」をもった教師集団は、やっぱり素敵ですよね。

今日も「子ども時代」を頑張れ

ルソーによる「子どもの発見」は実に偉大な発見でした。子どもには存分に子どもの世界を味わう権利がある――これは二〇世紀以降の大事な教育の原則でした。

しかし、世の中を見渡せばこの原則を無視した大人による「子ども時代収奪現象」が、実に多いことに気づきます。

その代表的なものが、小学校での英語の必修化です。日本語の豊かさをたっぷりと味わう前に、英語を学ばせるというのです。私たちの危惧に対して、ある文科省関係者が「それは同時に学習できる」と話すのを聞き、驚きました。子どもの世界を完全に「舐《な》めている」のです。

子どもは言葉の面白さとともに、豊かな表現世界を、からだを通して遊泳するのです。日本語の美しさ、不思議さ、豊饒《ほうじょう》さに触れることでイメージの世界を膨らませ、それが一つの「基地」となって他の世界へ飛躍するのです。それさえも十分にできていないのが今の国語教育です。説明文や解説文の解読に力を入れ、その意味内容とは別に表現のテクニックを注入していきます。日本語を通した豊かな生活世界の探求など、眼中にないのです。

先日、テレビで話題のある幼稚園の様子が映し出されました。その幼稚園の「売り」は、子どもたちに漢字を覚えさせるというものでした。幼い手からは想像もできないような難しい漢字が次々と綴《つづ》られ、親も一緒に寸暇を惜しんで漢字の勉強にいそしんでいました。「漢字博士」にはなれるかもしれませんが、人間としての豊かさを開花させることはできるのでしょうか。子どもが本来もっている多彩で、独創的な世界を大人が奪っているのではないでしょうか。まさに大人による「子ども時代収奪現象」ではないでしょうか。

小さな子どもたちを見ていて無条件に微笑ましくなることがあります。無償の愛を注ぎたくなります。それは子どもの中に「子ども」を見つけたということです。そして、その子どもらしさを認め、励ますのが大人の責任です。

「今日も一日、『子ども時代』を頑張ってこいよ」

そう言ってあげられる大人って本当に素敵だと思いませんか？

子どもの中に「子ども」を発見

「私、もう教師を続けられません」——そう言って辞めていく教師が多いことに心が痛みます。希望が絶望と喪失に変わり、心身を傷めてしまうのです。

その理由の一つに、「子どもが見えなくなった」というのがあります。

私が教師になった頃は、携帯電話はまだありませんでした。それから世の中は劇的に変わりました。もはや発展なのか退化なのかわからないくらい混沌としてきました。スマホ漬け、ゲーム漬けの生活が当たり前になってきました。これはもう私たちが知らない世界なのです。

この「文化激変」の前史を生きてきた私たち世代が、「子どもが見えなくなった」というのならいざ知らず、同じような世界を生きてきたはずの若い教師たちですら、戸惑いを覚えるくらい現在の変化は激しいのです。

そして、もう一つ「子どもが見えなくなった」原因の一つに、大人の側の問題があります。それは「子どもを『子ども』として見られなくなった」ということです。

作家の灰谷健次郎さんは、『わたしの出会った子どもたち』（新潮社、一九八一年。その後角川書店、一九九八年）という本の中でこう言いました。

「スピードというものをとりこんだぼくたちは、かわりに失ったものがいくつもある」

しだいに筋肉の衰えていく病を抱えた麻理ちゃんが、実は毎日いろんな動植物に語りかけ、豊かな人間性をその身に宿していること、そしてそれは日々進歩していることに灰谷さんは驚きます。子どもらしい感性が研ぎ澄まされ、人間としての輝きを増していくというのです。どんなに時代が変化しようとも、子どもの中にはこの「自己更新」する力が備わっているのです。

では、どうしたら私たちは「いま」の子どもたちと向き合い、寄り添えるのでしょうか。

ヒントは、「子どもの中に『子ども』を発見する」ことだと思います。子どもの中にある普遍的な「子ども」を発見すること——言い換えれば子どもを「小さな大人」として見ないということです。

この大切な原則を忘れた時、子どもたちは目に見えない小さな小さな反乱を起こすのです。

ラストメッセージ

いよいよこの本の最後のお話になります。私は学級の最後のホームルームで子どもたち一人ひとりに、最も相応《ふさわ》しいと思う言葉を吟味して贈ることにしています。

「はにかみ屋。もっと素直に自分を出しなさい。もっと裸になりなさい。」

信太は学級で一番の「あまのじゃく」。野球部のキャッチャーだから相手の裏をかくにはいいのですが、それはあくまでスポーツの世界の話。もっと素直になれば周囲の信頼も高まるのです。それでも頑固に「あまのじゃく」を貫くというのは、ある意味、偉大なんだけどなあ……。

「釣りマニア。人生はブラックバスのようには釣れません。わかりますか?」

勉強が苦手で、テスト期間になっても一向に机に向かう気配のない望。家に帰ればすぐにロッド片手にバス釣りへ。そんな彼もいざテスト結果が手元に戻ってくると「やっちまった〜!」と大絶叫。「人生はそんなに甘くはない!」と叫んでみても、やはり望は望。その日もまた釣りで出かけるのでした。

こんなふうに私は簡単に成長を褒めるようなことはしません。なぜか? 一つには、多少厳しいことを言っても崩れない信頼関係を一年かけてつくったということ。二つ目は、やっぱりまだまだ成長過程だということ。その歩みを止めてはいけないというメッセージを送るのです。

さて、最後に「親に愛されたことがない」と言っていた千代子へ。

「君を想う人は遠くにはいない。一番近い人が一番想ってくれている。」

人一倍甘えん坊で、淋しがり屋。そして、人の世話をやく面倒見のいいお母さんといつも忙しく働くお父さん。それでも「私のことを見て！」と千代子は叫びます。

でも……でも……中学生は独り立ちの季節なんだよ！「見て見て」という前に、一番近くにいる人をちゃんと見なきゃだめだよ！ その目をしっかりと開けて！

こんなメッセージを一つ一つ全員に届け終わると、いよいよ子どもたちともお別れです。お互い涙を拭《ぬぐ》いつつ、また新たな出会いの始まりを待つことになります。

さあ、みんな、もうさよならです。ありがとう。そしてごきげんよう！

ありがとう、そしてごきげんよう

本書は、「班日記―子育てノート―学級通信」を柱とした学級づくりと、そこで綴《つづ》られる「言葉」の数々を、全体を一五のテーマに分けて記述しました。

「班日記」は、班ごとに一冊ずつ持ち回りで綴るものです。日記への返信（赤ペン）は「認める」「褒める」「励ます」を基本とし、そこから「助言」「相談」「問いかけ」などを行います。

「子育てノート」は、親たちが持ち回りで綴る日記で、子育て上の思いや願い、悩みや葛藤《かっとう》が綴られてきます。ノートの冒頭には、私の学級づくりへの願いや親たちとともに子育てしたいという思いを綴ります。

そして、この二つの日記を組み合わせて編むのが「学級通信」です。記事は、日記のコピーを貼り付け、私がコメントを付ける形を基本とします。

これらの実践にはいくつかのこだわりがあります。その一つ目は、日記への返信や通信のコメントは特別な事情がない限り、「手書き」にしてきたということ。ある母親の「先生のつくる手書きの学級通信は心が温かくなるんです。だからそれを見るとどうしても捨てられず、全部取ってあるんですよ……」という言葉から、どんなに忙しくても「手書き」にこだわり続けました。

二つ目は、自分の言葉の一つ一つを丁寧に吟味するということです。掲載する日記の選択にも時間をかけますが、それと同時に自分が伝えたい言葉、相手に伝わる言葉をじっくりと選びます。時には持ち帰り仕事になりますが、納得するまで時間をかけることにしています。

三つ目は、通信は必ず全職員に配布するということです。子どもの心の動きや成長を多くの教職員の目で見てもらうこと、さらに配布係を子どもにすることで教師との交流場面をつくることが目的です（第3章の「遅咲きの花」参照）。

四つ目は、通信は必ず「読み聞かせる」ということです。ある時、いつものように通信を読み終わった後、ある女子生徒が私に近づいてきてこう言いました。

「先生、校内放送聞いてました？　先生、何度も呼び出されてましたよ！」

私は全く気づきませんでした。子どもたちに言葉を届けることに夢中だったのです。通信は書いて配って終わるのではなく、子どもの心に言葉を届けて「なんぼ」なのです。

最後に、私が最もこだわったのが通信名です。これは学級づくりの「顔」になるものです。一年間の自分の学級づくりのテーマがここに反映されます。本書に登場する学級通信の名前は、『あすなろ』『この道より』『釈迦力《しゃかりき》』『頓珍漢《とんちんかん》』などですが、それぞれ吟味して選んだものです。教師の学級づくりの思想の全体性と教師の「ボディ」を表現したものといっていいでしょう。

このように「こだわり」と「しつこさ」をもった実践であることと併せて、私はある「告白」をしなければなりません。それは、これらの実践は数々の失敗の上に成り立っているということです。失敗しては落ち込み、立ち直ったと思ったらまた失敗の繰り返しでした。その意味で私は全く「普通の教師」なのです。

ただ、私の場合に何か特徴的なことがあるとしたら、それは子どもや親たちの日記を「楽しんでいた」ということです。毎日届けられる日記を読むのが、楽しくて仕方なかったのです。日記に綴られる言葉は私への「プレゼント」だと感じていました。これは「綴り方教師」たちの共通の心性かもしれません。

そして、読めば読むほど、綴れば綴るほど、私自身の想像力と創造力がかき立てられました。「教育を創る」過程が実感できたのです。子どもの生活、親の生活、地域の生活を知る――これだけで子どもの見方が変わり、学級づくりの方向が見えてきます。子どもや親の想い（要求）を携えて、「新しい価値を創造する」ことが「教育を創る」過程だと思い至ったのです。それはまるで一本の木から一つの作品を彫り出す作業に似ていました。

さて、東北には戦前から「北方教育」という教育遺産があります。これは、子ども自身に生活のありのままを見つめさせ、作文を書く、つまり言葉を綴ることでそれを表現させ、生活や社会に潜む見えない網の目を「可視化」しようとしてきました。教育学者の故・大田堯《たかし》先生は、この教育を「高い文化の中で権力者によって奪いとられた読み書き能力を、もういっぺん民衆の手に取りもどす、たいへん手のこんだ文化闘争」であると語りました（東北民協研30年史編集委員会『北方教育　その継承と発展』一九八三年、あゆみ出版）。

本書はこの立場を踏襲しています。「言葉」を観念化させず、常に目の前の事実、生活の事実と結びつけ、「生きた言葉＝生活に根付いた土着の言葉」として再生させたいというのが私の願いです。子どもの綴りは、自分との対話、他者との対話、生活との対話の中で紡ぎ出されたものでした。「書かずにはいられない事実」を子ども自身が選び出し、自分の言葉、生活の言葉で綴る――私はここに民衆の言葉の再生の契機を感じたのです。言葉の再生は、すなわち人間の再生を意味します。

言葉を国民のもとに取り戻し、今一度、目に見えない矛盾の網の目を「可視化」する――真実にもとづく教育のあり方を、ぜひ読者の皆さんとともに問い、悩める教師や親たちの心のデトックスになればと思っています。本書が多くの方々の「応援歌」となり、悩める教師や親たちの一助となること、いつまでも皆さんの心に響き続けることを願ってやみません。つらくなったらぜひ本書をひもといてみてください。

さて、本書に実名で登場していただいた恩師・佐藤好郎先生に心より感謝するとともに、新任時代から陰に陽に見守っていただいた故・佐々木祐一先生、そして私の拙い実践を叱咤《しった》しながら我慢強く支えてくれた石巻わらしこ保育園のダンプ園長こと、故・高田敏幸先生に感謝の意を込めて本書を捧げます。

また、本書の刊行を快く引き受けてくださった新日本出版社・角田真己氏、挿絵を提供してくださったしろぺこりさん、そして震災を通して私の実践に光を当て連載を勧めてくださった「しんぶん赤旗日曜版」担当の本吉真希さんに心より感謝申し上げます。

さらに原稿の校正に協力してくれた娘・咲、長年にわたり実践を支えてくれた妻・紀子に心から感謝します。

最後に、本書では仮名で登場した二人の教え子へ。不慮の事故で早世した大沼篤君と新妻和正君、君たちが慈しみながら創り上げた学級のことをやっとみんなに紹介できたよ。あなたたちのことは絶対に忘れません。いつかまた会おう！

二〇二一年一月

制野俊弘

制野俊弘（せいの・としひろ）
和光大学准教授・副学長。1966年、宮城県生まれ。宮城教育大学大学院修了。2020年３月日本体育大学大学院（後期博士課程）満期退学。宮城県石巻市で中学教師（保健体育）として27年間勤務した後に現職。中学校では生活綴方教育にも取り組んだ。著書に『命と向きあう教室』（ポプラ社、2016年）、『教育をつくる』（旬報社、2015年、共著）、『現代の教師論』（ミネルヴァ書房、2019年）など。

イラスト　しろぺこり
1977年、東京都生まれ。絵描きとして幅広い制作活動を行う。『くらげのくに』（ダイヤモンド社）、『クジラと海とぼく』（アリス館）、『みんがらばー！　はしれはまかぜ』（新日本出版社）等の絵を担当。本書のもとになった『しんぶん赤旗日曜版』連載でも挿絵を担当。

子《こ》どもの言葉《ことば》が教《おし》えてくれる――セーノ先生《せんせい》の学級《がっきゅう》ノート

2021年３月５日　初　版

著　者　制　野　俊　弘
発行者　田　所　　稔

郵便番号　151-0051　東京都渋谷区千駄ヶ谷 4-25-6
発行所　株式会社　新日本出版社
電話　03（3423）8402（営業）
03（3423）9323（編集）
info@shinnihon-net.co.jp
www.shinnihon-net.co.jp
振替番号　00130-0-13681

印刷・製本　光陽メディア

落丁・乱丁がありましたらおとりかえいたします。

NexTone 許諾番号 PB000051057
ISBN978-4-406-06558-0 C0037　Printed in Japan